İBN TUFEYL

Ebubekr Muhammed bin Tufeyl, tahminen 1105 yılında, Gırnata'nın 60 km kuzeydoğusunda yer alan Vâdi Âş (bugünkü Guadix) adlı kasabada doğdu. Eğitim hayatıyla ilgili ayrıntılı bilgiye sahip olmasak da din ilimlerinin yanı sıra tıp ve felsefe eğitimi aldığı biliniyor. Gırnata'da tabiplik ve cerrahlık yaparken devlet erkânının dikkatini çekti. 1154'te Sebte ve Tanca valilerinin özel kâtibi oldu. Muvahhidler devletinin ikinci sultanı Ebu Yakub Yusuf'un sarayında başhekim olarak görevlendirilmesi, kariyerinde önemli bir dönüm noktası oldu. İbn Tufeyl, sultanın himayesinde rahat bir ortamda çalışma imkânı buldu. O sırada genç yaşta olan İbn Rüşd'ü, sultana tanıttı. Sultan, kendisinden Aristo külliyatını şerh etmesini talep edince İbn Tufeyl, yaşlı olduğunu gerekçe göstererek bu iş için İbn Rüşd'ü tavsiye etti. İbn Tufeyl, 1185 yılında Marakeş'te vefat etti. Elimize geçen en önemli eseri *Hayy bin Yakzan*'dır. Bu eseri, ömrünün son on yılında yazdığı tahmin edilmektedir. Ayrıca hastalıklar, sebepleri ve tedavi yollarıyla ilgili recez vezniyle yazdığı *Urcûze fî et-Tıbb* adlı manzum eseri de bulunmaktadır. Ayrıca 44 beyitten oluşan bir manzumeyi Muvahhidler sultanının talebiyle yazdığı söylenir.

MEHMET HAKKI SUÇİN

Arap Dili ve Edebiyatı öğretim üyesi ve çevirmenidir. Ankara Üniversitesi Arap Dili ve Edebiyatı Anabilim Dalından mezun oldu. Manchester Üniversitesinde misafir akademisyen olarak çalıştı. Uluslararası Arap Romanı Ödülü'ne (Arabic Booker) jüri üyesi seçildi. TYB Çeviri Ödülü'nü aldı. 2012 yılından bu yana yurtiçi ve yurtdışında yazılı ve sözlü çeviri atölyelerini yürütüyor. Çalışmaları çeviribilim, Arap edebiyatı ve yabancılara Arapça öğretimi alanlarına odaklanıyor. Bazı çevirileri: *Yedi Askı Şiirleri (Muallakalar)*, İbn Hazm'dan *Güvercin Gerdanlığı*; Halil Cibran'dan *Ermiş*; Adonis'ten *İşte Budur Benim Adım, Belli Belirsiz Şeyler Anısına, Maddenin Haritalarında İlerleyen Şehvet*; Mahmud Derviş'ten *Badem Çiçekleri Gibi yahut Daha Ötesi, Atı Neden Yalnız Bıraktın?, Bu Şiirin Bitmesini İstemiyorum, Mural*; Nizar Kabbani'den *Aşkın Kitabı*; Adeniyye Şibli'den *Küçük Bir Ayrıntı*, Muhammed Bennis'ten *Aşkın Kitabı*; Nuri el-Cerrah'tan *Midilli'ye Açılan Tekne*; Hulûd el-Mualla'dan *Gülün Gölgesi Yok*; Ahmed Şehavi'den *Benim Adıma Bir Gökyüzü*; Melek Mustafa'dan *İçimden Göçenler*; Yahya Hakkı'dan *Umm Haşim'in Lambası*; *Şiir Şiir Ayetler: Amme Cüzü Çevirisi*. Bazı telif eserleri: *Öteki Dilde Var Olmak; Dünden Bugüne Arapça Çevirinin Serüveni; Arapça-Türkçe Haber Çevirisi; Aktif Arapça*.

Kapı Yayınları 784
Edebiyat 320

HAYY BİN YAKZAN
İbn Tufeyl

Arapça Aslından Çeviren: Mehmet Hakkı Suçin

1. Basım: Eylül 2021

ISBN: 978-625-7706-62-9
Sertifika No: 43949

Editör: Hamdi Akyol
Kapak Tasarımı: Füsun Turcan Elmasoğlu
Sayfa Tasarımı: Ali Rıza Yati
Resimleyen: Volkan Sözbir

© 2021; bu kitabın yayın hakları Kapı Yayınları'na aittir.

Kapı Yayınları
Ticarethane Sokak No: 15 Cağaloğlu/İstanbul
Tel: (212) 513 34 20-21 Faks: (212) 512 33 76
e-posta: bilgi@kapiyayinlari.com
www.kapiyayinlari.com

Baskı ve Cilt
Melisa Matbaacılık
Matbaa Sertifika No: 12088
Çiftehavuzlar Yolu Acar Sanayi Sitesi No: 8 Bayrampaşa/İstanbul
Tel: (212) 674 97 23 Faks: (212) 674 97 29

Genel Dağıtım
Alfa Basım Yayım Dağıtım San. ve Tic. Ltd. Şti.
Ticarethane Sokak No: 15 Cağaloğlu/İstanbul
Tel: (212) 511 53 03 Faks: (212) 519 33 00

Kapı Yayınları, Alfa Yayın Grubu'nun tescilli markasıdır.

İBN TUFEYL
Hayy bin Yakzan

Ölümsüz Klasikler Serisi

rapça Aslından Çeviren
Iehmet Hakkı Suçin

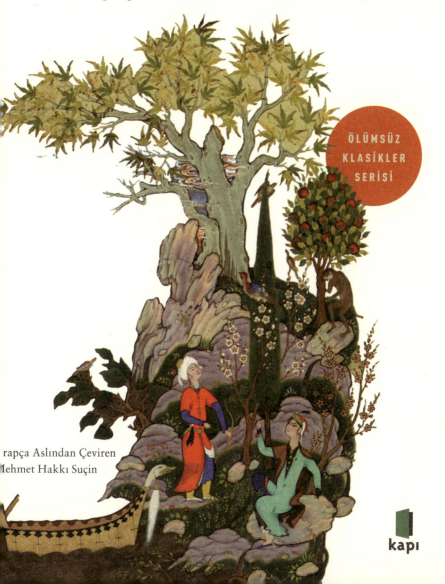

kapı

İÇİNDEKİLER

Sunuş / Mehmet Hakkı Suçin 7
Girizgâh 15
Hayy Bin Yakzan'ın Doğumu ve Çocukluğu 29
Nesne Olarak Doğayı Keşfi 49
Tek ve Çok 57
Dünyadan Yaratıcıya ve Tekrar Dünyaya 71
Gerçek Kendilik 83
Üç Görev 97
İlahi Tasavvur 107
Salaman ve Asal 119
Kapanış 133
Çevirmenin Kaynakçası 135

SUNUŞ

Hayy bin Yakzan anlatısı, Endülüslü filozof İbn Tufeyl'in kurgu mantığıyla yazdığı bir Orta Çağ felsefe metnidir. Bilim tarihçisi George Sarton'ın tanımlamasıyla "Orta Çağ'ın en orijinal kitaplarından biri"dir. Metni hak ettiği biçimde alımlamak için onun hem felsefî hem de anlatısal karakterini dikkate almanız gerekir. İbn Tufeyl'in *Hayy bin Yakzan* metninin ortaya çıkışı, öncelikle felsefî bir gerekçeye dayanır. İbn Tufeyl, eserini yazdığı dönemin Endülüs'ünde zayıf karakterli, bilgisi yetersiz kişilerin ilgi gösterdiği sözde felsefî fikirlere karşı, insanları sorgulama zeminine çekerek yanlışa sapmalarını önlemek ister. Eserin kapanış bölümünde kitabı kaleme alma gerekçesini bu şekilde ifade eden İbn Tufeyl, eserin girişinde de İbn Sina'nın İşrakiyye hikmeti üzerindeki sır perdesini kaldırmaya niyetli olduğunu belirterek yazmakta olduğu metnin felsefî bir metin olduğuna işaret eder.

Hayy bin Yakzan metni, Avner Ben-Zaken'in de ifade ettiği gibi dünyanın kültür tarihinde otodidaktik yani kendi kendine öğrenme yaklaşımını bir anlatı mantığıyla ele alan en saf ve en tipik metindir. Buna göre Hayy'ın boş bir levha (tabula rasa) olan zihni, dinî ya da toplumsal herhangi bir normdan yardım almadan, kendi kendine aklî bilgiye ulaşır. Sadece aklî bilgiye ulaşmakla kalmaz, Allah'ın zatını yani özünü müşahede etmeyi deneyimleme yolunu da açar.

Bu yönüyle *Hayy bin Yakzan* metni sırasıyla İbranice, Latince ve İngilizce çevirileriyle Rönesans hümanizminden Avrupa aydınlanmasına kadar Avrupa'nın entelektüel hayatına da ilham olur ve kurgusal yönüyle başta "Robinsonad"lar olmak üzere Batı'nın anlatı dünyasını ciddi anlamda etkiler. Spinoza, Leibnitz ve Rousseau felsefelerinde de *Hayy bin Yakzan* etkisi görülür.

Metnin felsefî ve kelami çağrışımları üzerine pek çok inceleme bulunmaktadır. Bu incelemelerden Türkçeye çevrilmiş olan Taneli Kukkonen'in *İbn Tufeyl: Aklın Yaşamı* (Çev. Zeliha Yılmazer) ile Avner Ben-Zaken'in *Hay bin Yakzan'ı Okumak* (Çev. Yavuz Alogan) adlı eserlerinde anlatıyla ilgili ayrıntılı değerlendirme ve çözümlemeler yer alır. Bunlara Lenn E. Goodman'ın *Hayy Ibn Yakzan: A Philosophical Tale* adlı kitabı da eklenebilir.

İbn Tufeyl'in eserinin girizgâhında yer verdiği görüşleri, ayrı bir öneme sahiptir. Bu kısa girişte İbn Tufeyl, İslam dünyasında felsefî düşüncenin düzeyini eleştirel bir yaklaşımla değerlendirir ve Müslüman toplumlarda felsefenin gelişememesinin nedenlerine değinir. O dönemin İslam dünyasında böylesi "tehlikeli" bir işe kalkışan İbn Tufeyl de eserinde, ifşa ettiği sırlar üzerine "işin ehli olanların kolayca yırtabileceği, ehil olmayanların ise geçilemeyecek kadar kalın bulacağı ince bir örtü" çektiğini belirtir. Bu amaçla İbn Tufeyl, Hayy'ın kendi kendine öğrenme (otodidaktik) sürecinde akıl ile vahiy ikiliği arasındaki derin farklılıkları anlatırken flulaştırır. Fakat bunu yaparken de hiçbir zaman aklı bir kenara atmaz.

Eser bizde sadece felsefî ya da kelami çağrışımlar yapmaz, aynı zamanda fizik, astronomi, anatomi, dil edinimi, metnin "genre"sı gibi pek çok hususta zihnimizi açar. Eserdeki fizik veya astronomi meseleleri yer yer sorunlu görünse de metindeki her bölüm tutarlı bir akıl yürütme çizgisini temsil eder ve sonraki bölüme zemin hazırlar. Metnin kurgusal yapısı yazara, dönemin İslam felsefesi meselelerini ele almak için muazzam bir imkân tanır. İlginçtir ki yazar, kimi zaman metinde ve kurguda "sarkmaların" farkında gibidir. Çünkü eserinde şöyle der: "Hikâyeyi anlatırken açıklamalarımda fazla cömert, yapıyı kurarken fazla hoşgörülü davranmışsam eğer, sözlerimi kavrayan kardeşlerimin beni mazur görmelerini dilerim."

Metin bir bütün olarak okunduğunda pek çok simge ve temsille örülmüş izlenimi verir. Bu simgesellik, öncelikle kahramanın adıyla başlar. *Hayy* Arapçada canlı, diri anlamına gelir. *Yakzân* ise uyanık zihin, teyakkuzda olan akıl anlamındadır. Dolayısıyla kahramanın adı "Uyanık Akıl oğlu Diri"dir. Hayy bin Yakzan, marifet denilen bilgi yoluyla nefsin ruhaniliğini ve ölümsüzlüğünü, "Vâcibu'l-vucûd"u yani Zorunlu Varlık'ı tefekkür ederek hazza erişmesini temsil eder. Asal ise bir peygamber aracılığıyla vahiy gönderilen kişiyi temsil eder. Asal, vahyi kavrayan ve onun bâtıni manasında derinleşen "burhan ehlinden" bir karakterdir. Buna göre Hayy'ın Asal'la buluşması, akıl ile naklin yani felsefeyle vahyin buluşmasıdır. Bu buluşmada, vahyin bâtıni yani içkin yüzü ile felsefe uyumludur. Vahyin zahirî yönü ise Salaman'la temsil edilir. Salaman, bir peygamber aracılığıyla vahiyle tanışan fakat gerçekte vahyi kavrayamayan "cedel ehlinden" bir karakterdir. Adanın diğer sakinleri de Salaman gibidir. Vahyi zahiriyle anlamış olan fakat bâtınına nüfuz edemeyen "hatâbet ehlinden" olan bir kitledir. Bahsettiğim burhan, cedel ve hatâbet kategorileri, klasik mantıktaki beş sanattan üçüne gönderme yapar.

Hayy'ın, Asal'la birlikte Salaman ve Asal'ın adasına gitmesi, vahyin bâtınının kavranması için aklın gösterdiği çabayı temsil eder. Gerçekten de Hayy, Salaman ile onun kitlesine vahyin derin anlamlarını açıklamaya çalıştığında onu anlamazlar. Bu da metnin ima ettiği gibi, insanların alımlama yeteneklerinin aynı düzeyde olmadığını, bu yüzden de söz konusu kitlenin vahyi alımlamasının zahirî düzeyde kaldığını gösterir.

İbn Tufeyl, metni bir "hikâye" olarak nitelese de bir okur ve metnin çevirmeni olarak modern anlamda "melez" bir metinle karşı karşıya olduğumuzu düşünüyorum. Yazarın üçüncü kişi bakış açısıyla anlattığı metinde yer yer primitif karakterde de olsa iç monologlara yer verilir. Girizgâh bölümü ile zaman zaman araya girerek tartıştığı fizik, astronomi vb. meselelere "bilimsel" bir hava verse de metne yer yer ironik ifadeler de dâhil olur. Hikâye başladığında ise kurguya masalsı bir atmosfer hâkim olur. Metin kelami meselelere daldıkça da Kur'an'dan alıntılar verilir. Metnin bazı yerlerinde ise yoğun bir "metinler arasılık" egemendir. Yazarın ifadeleriyle ayetler, harika bir metin organizasyonuyla yan yana veya iç içedir. Öte yandan yukarıda belirtildiği gibi, İbn Tufeyl'in okuyucular için koyduğu "ince örtü", eserin, İbn Tufeyl'in maskelenmiş bir entelektüel otobiyografisi olma ihtimalini akla getirir. Bütün bu özellikler, elimizdeki metnin kolayca sınıflandırılamayacağını gösterir.

Hayy bin Yakzan metninin, Avrupa'da ilginç bir dolaşım seyri var. Katalan Yahudisi filozof Moses Ben Joshua 1348'de gittiği Barselona'da dolaşımda olan *Hayy bin Yakzan* metninin, çevirmeni bilinmeyen İbranice çevirisine şerh yazmaya başlar. Moses Ben Joshua'nın şerhi, bölgede İbranice konuşan Yahudiler arasında rağbet görür. Rönesans filozoflarından Giovanni Pico della Mirandola, eline geçen bir nüshayı 1493'te Latinceye çevirtir. Oxford Üniversitesinin ilk Arapça profesörü Edward Pococke, 1630'larda gittiği Halep'te *Hayy bin Yakzan*'ın Arapça bir nüshasını Oxford'a getirir. 1671'lerin başında Arapça metni, Latince çevirisiyle birlikte *Otodidaktik Filozof* alt başlığıyla yayımlar. Daha sonraki dönemlerde bu çeviriden başka İngilizcede iki ayrı *Hayy bin Yakzan* çevirisi yayımlanır. Bunları Hollandacaya yapılan iki ayrı çeviri izler. Böylece *Hayy bin Yakzan*'ın Avrupa'da dolaşımı daha da hızlanır. Cambridge Üniversitesi Arapça ve ilahiyat profesörü Simon Ockley'in 1708'de eseri doğrudan Arapçadan İngilizceye çevirmesiyle *Hayy bin Yakzan* Avrupa'nın her tarafında ilgi görmeye başlar.

Buna karşın *Hayy bin Yakzan*'ın Osmanlı Türkçesiyle yayımlanması için 1923 yılını beklemek gerekmiştir. 1923'te *Mihrab* dergisinde tefrika hâlinde yayımlanan *Hayy bin Yakzan*'ın çevirmeni, Süleymaniyeli bir Osmanlı-Kürt entelektüeli olan Babanzâde Reşid'dir. Ancak bu Osmanlıca çeviri, adeta derginin sayfalarında terk edilir. Eserin anlaşılabilir bir Türkçeyle kitap formatında okunabilmesi ise 1985 yılında mümkün olur. Kültür emekçisi N. Ahmet Özalp, Osmanlıca metni sadeleştirerek günümüz Türkçesine aktarır. *Hayy bin Yakzan*'a olan aşinalığımı-

31. Özalp'ın bu çalışmasına borçluyuz. Bugün Türkçedeki mevcut tüm çeviriler, Babanzâde Reşid tarafından Arapçadan Osmanlıcaya yapılan çevirinin, günümüz Türkçesine yapılan uyarlamalarıdır. Bu bakımdan elinizdeki çeviri, Babanzâde Reşid'in Osmanlıca çevirisinden sonra doğrudan Arapça aslından Türkçeye yapılan ilk çeviridir. Bu çeviride Léon Gauthier'nin 1936'da, Albîr Nasrî Nâdir'in 1986'da Beyrut'ta yayımladıkları nüshaları esas aldım. İbarelerin kulağımı tırmaladığı yerlerde ise Abdulaziz Nebevi'nin 2013'te Kahire'de yayımladığı nüshaya müracaat ettim.

Terimleştirmede genel okuyucuyu göz ardı etmeden İslam felsefesiyle ilgili terimleri metne kısmen dâhil ederek orta bir yol izlemeye çalıştım. Terimleri Türkçeleştirdiğim durumlarda ise metne aşina okuyucuları düşünerek terimlerin orijinallerini, köşeli parantez içinde verdim. Ancak bu yaklaşımı, okumayı sekteye uğratacak düzeye ulaşacak kadar abartmamaya özen gösterdim. Öte yandan başta ayet ve hadisler olmak üzere İbn Tufeyl'in alıntıladığı bütün metinlerin çevirisi bana aittir.

Metni bölümlerken Arapça tahkiklerde rastlandığı gibi çok fazla başlık kullanmadım. Bunun yerine Taneli Kukkonen'in yukarıda bahsettiğim eserde önerdiği ana başlıkları esas alıp numaralandırdım. Fakat metnin kurgusal akışını bozmamak için daha fazla ara başlık girmedim.

Çeviriyi okuyarak kıymetli önerilerde bulunmak suretiyle katkı veren değerli eşim Elçin Sevgi Suçin'e ve kültür emekçisi N. Ahmet Özalp'a, kitabın en iyi şekilde çıkması için emek veren sevgili şair Ömer Erdem ve değerli editörüm Hamdi Akyol'a teşekkür borçluyum. Bu çeviriyle, düşünce ve kültür tarihimizde önemli bir yere sahip olan fakat pek de tanımadığımız *Hayy bin Yakzan* metnine bir parça dikkat çekebilir ve okuruyla buluşturabilirsem kendimi şanslı sayacağım.

Mehmet Hakkı Suçin
Ankara, Ağustos 2021

1
GİRİZGÂH

Rahman ve Rahim olan Allah'ın adıyla. Azameti, sonsuzluğu, bilgisi, hikmeti, rahmeti, şefkati, sabrı her şeyi kuşatan Allah'a hamdolsun. "O ki insana kalemle yazı yazma yetisini bahşedip ona bilmediklerini öğretti."[1] "Allah'ın senin üzerindeki lütufları saymakla bitmez."[2] Onun bitmek tükenmek bilmeyen nimetlerine şükrederiz. Şehadet ederim ki Allah'tan başka ilah yoktur ve Muhammed onun kulu ve resulüdür. O ki güzel ahlakın, göz kamaştırıcı mucizenin, kuşku götürmez delilin ve haksızlığa karşı çekilmeye hazır kılıcın sahibidir. Allah'ın selamı, kıyamete kadar onun ve gayretiyle dillere destan ehli beytinin ve ashabının üzerine olsun.

*

Yüce gönüllü ve temiz yürekli değerli kardeşim,

Rabbim sana sonsuz hayat ve ebedi saadet nasip etsin. Mektubunda, büyük üstat Şeyh Ebu Ali İbn Sina'nın *el-Hikmetu'l-İşrâkiyye* [İşrakiyye Hikmeti] üzerindeki sır perdesini gücüm yettiğince kaldırmamı rica etmişsin. Öncelikle bilmelisin ki apaçık gerçeği öğrenmek isteyen,

---
1 Alak Suresi, 5-6. (ç.n.)
2 Nisa Suresi, 113. (ç.n.)

kendini tanımacın onu aramaya vakfetmeli ve edinmek için de ciddi çaba göstermelidir.

Mektubunu okuduktan sonra, hamdolsun ki daha önce hiç şahit olmadığım bir şeyler belirdi içimde. Hiçbir dilin tarif edemediği, bütün kelimelerin kifayetsiz kaldığı garip bir hâl. Dilin ve kelimenin olmadığı bir âlemdeydim. Fakat öyle keyifli, öyle neşe ve haz dolu coşkun bir hâldi ki bu, ona ulaşan ya da kıyısından köşesinden bir yerine yaklaşan, onun mahiyetini gözleyip sırrını saklayamaz. Dahası öyle coşkulu, heyecanlı, neşeli bir cezbeye tutulur ki bütün ayrıntılarıyla olmasa da genel hatlarıyla yaşadıklarını ifşa etmeden duramaz. Hele bir de zihni, ilimlerle bilenmemişse ölçüp biçmeden konuşabilir. Öyle ki bu hâl üzereyken "Kendimi bütün kötü sıfatlardan tenzih ederim. Şanım ne büyüktür!"[3] diyenler oldu. Kimi "Ben Hakk'ım"[4] kimi de "Cübbemin içinde Allah'tan başkası yoktur"[5] dedi. Şeyh Ebu Hâmid Gazzali ise –Allah rahmet eylesin– bu cezbe hâlini yaşadığında şu beyti seslendirdi:

Öyle bir hâldi ki ne oldu tarif edemem
Hayra yor ve sorma cevap veremem

Oysa kendisi, ilim irfan sahibiydi ve zihni ilimlerle bilenmişti.

Ebubekr bin es-Sâig İbn Bâcce, ilahi vuslatın mahiyetiyle ilgili kitabına şöyle bir açıklama düşer: "Risalemde

---
3 Beyazıd-ı Bistami'ye (875) nispet edilen *"Subḥânî! Mâ a'ẓame şe'nî"* sözü. (ç.n.)
4 Hallac-ı Mansur'un meşhur *"Ene'l-Ḥaḳḳ"* sözü. (ç.n.)
5 Hallac-ı Mansur veya Ebu Said Ebu'l-Hayr'a nispet edilir. (ç.n.)

anlatmak istediğim anlamlar kavranırsa, bunun eldeki ilim düzleminden ziyade kişinin önceki değer yargılarından farklı, maddi olmayan başka bir düzlemde gerçekleştiği açıktır. Fiziki âleme ait olamayacak kadar yüce bir boyuttan bahsediyoruz. Dahası öylesi neşe dolu hâllerdir ki bunlar, Cenâb-ı Hakk'ın dilediği kullarına bahşettiği ilahi hâller olarak nitelemek yanlış olmaz." Ebubekr İbn Bâcce'nin işaret ettiği seviyeye nazari ilim ve fikrî arayışla ulaşılır. İbn Bâcce'nin bu seviyeye ulaştığına şüphe yoktur fakat onu aşamadığı da bir gerçektir.

İlk başta işaret ettiğimiz hâl ile Ebubekr'in bahsettiği hâl, inkişaf şekli bakımından birbirine benzese de görüş mesafesindeki berraklık ve mecazen "kuvvet" olarak adlandırabileceğimiz bir yetiyle tecrübe edilmesinden dolayı farklılık arz eder. Kavramı bir metaforla adlandırıyoruz çünkü ne günlük dilde ne de âlimlerin terminolojisinde bu tür bir deneyim hâlini ifade edebilecek bir kavram bulabildik.

İşte –değerli kardeşim– mektubunda sorduğun sorunun beni yönlendirip nasiplenmeme sebep olduğu o haz hâline Üstat Ebu Ali İbn Sina şöyle dikkat çekmektedir: "Sonra mürit, irade ve çileyle belli bir seviyeye ulaştığında Hakk'ın nurundan nasiplenme fırsatını yakalar. Yanıp sönen şimşekler gibi keyif alır bu nurdan. Çilede derinleştikçe bu perdelenme hâlleri çoğalır. Öyle ki çile süreci dışında da bu hâl kendisini çepeçevre sarmaya başlar. Ne zaman bir parıltı görse, onunla Cenab-ı Hakk'ın mukaddes makamına çıkar. Hâlden hâle girer ve her şey gözünde daha bir karanlık hâle gelir. Öyle ki neredeyse her şeyde Hakk'ı görür olur. Sonra çile onu öyle bir mertebeye ulaştırır ki onun için buhranlı yerini sükûnete terk eder. Gözünü kamaştıran şey sıradanlaşır. Yanıp sönen ışıklar şeffaf birer gök taşına dönüşür. Her şey kendisine kadim bir dostluk gibi tanıdık gelir."

İbn Sina, vuslat ile sonlandıracağı haz aşamasını tanımlamaya devam ediyor: "Müridin sırrı, hakikate tutulan cilalı bir ayna olur ve yüce haz huzmeleri üzerine akar. Mürit, Hakk'ın izini taşıyan bu hazlardan mutlu olur. İşte bu esnada bir Hakk'a bir de kendisine bakar. Henüz ikisi arasında tereddütlüdür. Bir süre sonra kendinden geçer ve bu kendinden geçme sırasında yalnızca Cenab-ı Hakk'ı görür. Şayet kendine bakarsa sadece Hakk'a bakan biri gibi bakar. İşte vuslat tam da bu anda gerçekleşir."

Ebu Ali'nin tarif ettiği bu hâllere, kıyas çıkarımlarına dayanan nazari idrak ya da öne sürülen öncüllerden çıkarımlar yapmakla değil yalnızca hazla ulaşılabilir. Ebu Ali'nin yaklaşımı ile diğer yaklaşımlar arasındaki farkı açıklığa kavuşturmak için bir örnek vermemi istersen, doğuştan görme özürlü ancak karakteri sağlam, sezgisi keskin, zekâsı ve hafızası güçlü, kavrayışı düzgün bir çocuğu canlandır hayalinde. Belli bir şehirde büyümüş olan bu çocuk, gözleri dışındaki diğer idrak kanallarıyla pek çok insanı, hayvan ve eşya türlerini, yaşadığı şehrin yollarını, sokaklarını, ev ve pazar yerlerini tanımaya devam edecektir. Öyle ki yaşadığı şehirde herhangi bir kılavuz olmadan yürüyebilecek, görüştüğü herkesi tanıyacak ve karşılaştığında onlara selam verecektir. Renkleri dahi kendisine yapılan bariz tanımlamalar sayesinde tanıyabilecektir. Hiç görmeden bu mertebeye erişen çocuğun yeniden görme duyusuna kavuştuğunu varsayalım. Yaşadığı şehri baştanbaşa dolaşsa da ne önceden bildiklerine aykırı bir durum ne de kendisine farklı gelen bir şey görecektir. Aynı şekilde renkler de daha önce kendisine yapılan tariflere uygun olacaktır. Fakat her hâlükârda onda birbirine bağlı iki önemli değişiklik meydana gelecektir: Biri görüşte açıklığın ve netliğin artması, diğeri ise büyük bir hazdır.

*

İşte velayet mertebesine ulaşamayanların durumu, doğuştan görme özürlü çocuğun ilk hâline benzer. Kendisine yapılan tanımlamalarla bildiği renkler, Ebubekr İbn Bâcce'nin "Öylesi neşe dolu hâllerdir ki bunlar, Cenâb-ı Hakk'ın dilediği kullarına bahşettiği ilahi hâller" şeklinde nitelediği boyutu simgeler. Velayet mertebesine ulaşan kimseler ise Yüce Allah'ın mecazen "kuvvet" diye adlandırdığımız şeyi bahşettiği ikinci hâli, yani körün gözleri açıldıktan sonraki görüş açıklığını temsil eder. İnsan basiretinin devamlı açık olması, görüş mesafesinin devamlı berrak olması ve görmek için bakmaya ihtiyaç duymaması nadiren rastlanabilecek hâllerdendir.

Rabbimin seni velayet mertebesiyle ödüllendirmesini dileyerek söylemek isterim ki, burada nazar ehlinin [felsefecilerin] ve velayet ehlinin [tasavvufçuların] yaklaşımlarından bahsederken ne nazar ehlinin fizik âlemle ne de tasavvuf ehlinin metafizik âlemle ilgili anlayışlarından bahsediyorum. Zira iki anlayış arasındaki fark, birbirleriyle karıştırılamayacak derecede açıktır. Nazar ehlinin anlayışı derken, Ebubekr İbn Bâcce örneğinde olduğu gibi, onların metafizik yaklaşımlarını kastediyoruz. Onlara göre bir şeyin akılla idrak edilmesi için doğru ve sahih olması sahibi uranır Aslında oluyor ehli de bu meselelerle ilgilenir. Bir farkla ki velayet ehli bunlara ek olarak alabildiğine açık bir görüşün ve büyük bir hazzın tadını çıkarır. Ebubekr İbn Bâcce, velayet ehlinin bu haz arayışını ayıplar. Bunun velayet ehlinin hayal gücünden kaynaklandığını söyleyerek bu haz hâlini bütün detaylarıyla betimleme sözü verir. Bizim de burada ona söyleyecek bir çift sözümüz var: "Üstat! Tadını bilmediğin bir yemişi tatsız diye yaftalama; ayaklarını da mübarek şahsiyetlerin omuzlarına koyma!" Her neyse... Verdiği sözü de tutmadı zaten. Kendisinin de ifade ettiği gibi, Vahran yolunda çektiği sıkıntılardan kaynaklanan zaman baskısı buna engel olmuş olabilir. Belki de bu haz hâlini açıklarsa insanları mal edinmeye, çoğaltmaya ve onu kazanma yollarına teşvik ettiği sözleriyle çelişecek fikirlere yer vermek zorunda kalabileceğini düşünmüş ve kariyerine zarar gelmemesi için sözünü yerine getirmemiştir. Sorduğun sorunun bir miktar çerçevesi dışına çıkmış olsam da bu meseleye değinmeden edemedim.

*

Öyle anlaşılıyor ki –sevgili dostum– şu iki anlayıştan birini benimsemelisin: Birincisinde, velayet ehlinin müşahede, haz ve vuslat boyutunda gördüklerini arzulayabilirsin. Ancak bunun mahiyetini kelimelere dökmenin mümkün olmadığını bilmelisin. Birileri dili devreye sokup hakikati sayfalara dökmeye kalksa bile hakikatin değişen yüzü nazari olmaktan öteye geçemez. Üzerine geçirilen elbiselerle idrak dünyasına yaklaştırılan hiçbir harf ve ses, eski özelliklerini koruyamaz. Onu tarif etmenin yolları farklılaştıkça farklılaşır. Bu ise kendi ayakları kaydığı hâlde başkalarının ayaklarının kaydığını zanneden insanların doğru yoldan sapmalarına yol açar. Gördüğün gibi velayet, uçsuz bucaksız pek çok veçhesi olan sonsuz bir boyuttur. Her şeyi kuşatır ama kendisi kuşatılamaz.

İkincisinde, nazar ehlinin metotlarıyla meseleyi açıklamamı isteyebilirsin. Meseleyi bu metotlarla kelimelere döküp kâğıda aktarmak mümkündür. Fakat bu tür kitaplar, kırmızı kükürt tozundan daha nadirdir. Hele şu bizim memlekette bunlara ulaşmak daha da zordur. Gariptir ki nazari bilgiden nasibini alanlar, bir elin parmaklarını geçmez. Zaten onlar da halka açık konuşurken sözlerini kapatarak simgelerle konuşmak zorunda kalırlar. Zira hanif din ve Muhammedî şeriat, bu tür meselelere girmekten meneder ve ona karşı uyarır.

Aristo ve Abu Nasr Farabi'nin kitaplarından veya İbn Sina'nın *Şifa*'sından elimize ulaşan felsefenin, bahsettiğim ihtiyacı karşıladığı zannedilmesin. Endülüslülerden de bahsettiğim meseleye ilişkin tatmin edici bir şey yazan yoktur. Zira Endülüs'te felsefe ve mantık yaygınlaşmadan önce üstün yetenekli Endülüslüler ömürlerini matematiğe adamışlardı. Bu alanda epey mesafe de katettiler ama çok da ileriye gidemediler. Onların halefleri ise mantığa yönelip zihinsel arayışlara girdiler ama hiçbiri onları büsbütün hakikate ulaştıramadı. Onlardan biri şöyle der:

Tak etti artık canıma insanın ilmi
Ki toplasan hepi topu geçmez ikiyi

Biri hakikattir ki elde edildiği vaki değil
Öteki batıldır elde etsen baki değil

Bu haleflerin de kusurları vardır ki fikir geliştirmede öncekilerden daha yeteneklidirler ve hakikate daha yakınlardır. Fakat bunların arasında da keskin zekâ, sağlam metot ve doğru bakış açısı bakımından Ebubekr İbn es-Sâig İbn Bâcce ile boy ölçüşecek kimse yoktur. Ne yazık ki İbn Bâcce dünyayla o kadar meşguldü ki ilim hazinelerini ve hikmetinin sırlarını ifşa etmeden önce ölüm onu aldı. Elimize ulaşan eserlerinin çoğu tamamlanmamıştır. Örneğin *Fi'n-Nefs* [Nefis Hakkında], *Tedbîru'l-Mutevahhid* [Münzevinin Terbiyesi] ve mantık ve doğa bilimleri hakkında yazdığı eserleri ya yarım kalmıştır ya da son sayfaları eksiktir. Tamamlanmış eserleri de özet ve derleme risalelerden oluşmuştur. *İttisâlu'l-Akl bi'l-İnsân* [Aklın İnsanla Birleşmesi] adlı risalesinde ortaya attığı argümanların anlaşılması için çok özel bir çaba gerektiğini, kitabın bazı yerlerinde metnin iyi yapılandırılmadığını, zamanı olursa bunları yeniden düzenlemek istediğini bizzat kendisi itiraf eder. Onun hakkında bildiklerimiz bu kadarla sınırlıdır.

Kendisiyle yüz yüze görüşmediğimiz gibi varsa onun ayarında çağdaşlarından birinin telif eserlerini de okumuş değiliz. Bu saydıklarımdan sonra gelen bizim kuşaktan şahsiyetlerin kimi kendini geliştirmekle meşgul kimi de nazari meselelerle uğraşmayı bıraktı. Kimini de tanımıyor olabilirim.

*

Ebu Nasr Farabi'den elimize ulaşan kitapların çoğu mantıkla ilgilidir. Felsefe ile ilgili olanlar da şüphelerle doludur. Örneğin *el-Milletu'l-Fâdile* [Faziletli Din] adlı kitabında, öldükten sonra kötü ruhların sonsuza dek acılar içinde kıvrandığını ifade ederken *es-Siyâsetu'l-Medeniyye*'de [Fazilet Şehrinin Siyaseti] kötü ruhların hiçliğin içinde çözüldüğünü ve yalnızca faziletli kâmil ruhların ölümsüzleştiğini belirtir. Öte yandan, Aristo'nun *Ethika* isimli eserine yazdığı şerhte, insan mutluluğunun yaşadığımız dünyayla ilgili olduğunu belirttikten sonra "Bunun dışındaki her türlü iddia deli saçması ve kocakarı masalıdır" der. Bu yaklaşımıyla insanı Yüce Allah'ın rahmetinden ümitsiz bırakır. İnsanın akıbetini yokluğa bağladığı için de iyi ile kötü insanı aynı kefeye koyar. Böylece ayağı kayar ve bir daha kendini doğrultamaz. Ayrıca nübüvvetle ilgili yanlış görüşleri, nübüvvetin özel bir hayal gücünün ürünü olduğuna dair iddiası, felsefeyi nübüvvete tercih etmesi ve burada anlatmanın gereksiz olduğu daha başka yanılgıları da vardır.

*

Ebu Ali İbn Sina ise Aristo'nun kitaplarını yorumlamayı üstlendi ve *Kitabu'ş-Şifâ* [Şifa Kitabı] adlı eserinde onun felsefesini takip etti. Kitabını, Meşşailer'in [Peripatikler] sistemine göre yazdı. Fakat kitabın başında hakikat anlayışının farklı olduğunu belirterek berrak gerçeği öğrenmek isteyen okuyucuyu *el-Felsefe el-Meşrikiyye* [Doğu Felsefesi] adlı eserine yönlendirdi. *Kitabu'ş-Şifâ* ile Aristo'nun külliyatını dikkatle okuyan kimse, iki kitaptaki birçok meselenin benzer olduğunu görecektir. Bununla birlikte, *Kitabu'ş-Şifâ*'da olup da Aristo'dan bize ulaşmayan meseleler de vardır. Şeyh Ebu Ali'nin de *Kitabu'ş-Şifâ*'da dikkat çektiği gibi bu eserlerin bâtıni anlamlarına nüfuz etmeden yapılacak her üstünkörü okuma eksik kalacaktır.

*

Şeyh Ebu Hamid Gazzali'nin eserleri kitlelere hitap ettiği için kimi yerde düğümlediğini başka yerde çözer; bir yerde tekfir ettiğini başka bir yerde helal kabul eder. *Tehâfutu'l-Felâsife* [Filozofların Tutarsızlığı] kitabında, bedensel dirilişi inkâr ettikleri, ödül ve cezayı yalnızca ruhlara özgü bir durum kabul ettikleri gerekçesiyle felsefecileri tekfir ederken *Mizânu'l-'Amel*'in [Amel Terazisi] girişinde "Tasavvuf şeyhleri şüphe götürmeyecek biçimde bu itikattadır" der. *el-Munkiz mine'd-Dalâl ve'l-Mufsih ani'l-Ahvâl* [Sapkınlıktan Kurtaran ve Hâlleri Açık Kılan] adlı eserinde ise uzun bir arayıştan sonra sufilerin öğretilerini benimsediğini ifade eder. Gazzali'nin kitaplarında buna benzer tutarsızlıklar bir hayli fazladır ve eserlerini dikkatli ve derinlemesine inceleyenler bunları kolayca görebilir. Zaten kendisi de *Mizânu'l-'Amel* [Amel Terazisi] adlı eserinin son kısmında, bu tutarsızlıklarından dolayı mazur görülmek ister. Şöyle der Gazzali: "Görüşler üç türdür: Kitlelerin paylaştığı görüş, bilgiyi talep eden veya bir konuda aydınlanmak isteyenle paylaşılan görüş ve insanın kendisine saklayıp yalnız kendisiyle aynı itikatta olanlarla paylaştığı görüş." Sonra sözlerini şöyle sürdürür: "Şayet yazdıklarım miras aldığın itikada karşı seni şüpheye itiyorsa bu bile tek başına yeterlidir. Zira şüphe etmeyen bakmaz. Bakmayan görmez. Görmeyen de körlüğün ve şaşkınlığın koynunda kalır." Gazzali, bu anlayışını şu beyitle dile getirir:

Gördüklerin senin olsun, duydukların senden ırak
Güneş doğduğu zaman Satürn'e ihtiyacın olmayacak

Gazzali'nin öğretisi daha ziyade simgeseldir, yalnızca işaret eder. Kendi basiretiyle ya da bir üstattan ikinci kez dinleyerek yahut da üstün zekâlarıyla en küçük bir işareti bile kavramaya hazır zihinler, onun eserlerine vakıf olabilirler ve ondan yeterince faydalanabilirler.

Kitabu'l-Cevher [Cevher/Mücevher Kitabı][6] adlı eserinde, ehil olmayanların bâtını bulacağı ama aslında apaçık hakikati anlattığı başka kitaplar da yazdığını söyler. Bildiğimiz kadarıyla Endülüs'e ulaşan böyle kitaplar yoktur. *Kitâbu'l-Ma'ârif* [Bilgiler Kitabı], *Kitâbu'n-Nafh ve't-Tesviye* [Hayatın Soluğu ve Tesviye Kitabı], *Mesâil Mecmû'a* [Muhtelif Meseleler] gibi elimizdeki bazı kitaplarının bu türden eserler olduğunu ileri sürenler olsa da bu doğru değildir. Bu eserlerdeki bâtını meseleler, tanınmış eserlerindekine nazaran çok daha azdır. *el-Maksadu'l-Esnâ* [Ulvi Varış Noktası] kitabında diğer eserlerine nazaran daha bâtını hususlar bulunmasına karşın Gazzali, onu bâtını eserlerinden saymaz. Bu da gösteriyor ki elimize ulaşan eserleri onun bahsettiği bâtını eserlerden değildir.

Son dönemlerin şahsiyetlerinden biri, Şeyh Ebu Hamid Gazzali'nin *Kitâbu'l-Mişkât* [Nurlar Feneri] adlı eserinin son kısmında yer alan sözlerinden yola çıkarak, onu iflahı imkânsız dipsiz bir kuyuya düşmekle suçlar. Ona göre Ebu Hamid eserinde, ilahi nurlarla perdelenenleri sınıflandırdıktan sonra ona vasıl olanları betimlediği sı-

---

[6] Gazzali'nin *Cevâhiru'l-Kur'ân* [Kur'an'ın İncileri] adlı eseri kastediliyor olmalı. (ç.n.)

rada, Ulu Varlığın nnlı mıılıtldniyetini zedeleyecek sıfatlar kullanır. Buradan hareketle Ebu Hamid'in, İlk Hakikat'in zatının –hâşâ– birden çok olduğuna inandığı sonucuna varmak ister. Allah, zalimlerin sözlerinden münezzehtir. Üstadımız Ebu Hamid'in yüce saadeti tattığından ve o mukaddes mertebelere ulaştığından şüphe duymayız. Ne var ki duyular ötesi âlemlerin keşfine dair bâtıni meseleleri ele alan eserlerine ulaşmış değiliz.

*

Mevcut şartlarda elimde bir hakikat varsa onu tek başıma elde etmiş değilim. Şeyh Ebu Hamid Gazzali ve Şeyh Ebu Ali İbn Sina'nın eserlerini takip ederek, onları birbirleriyle ilişkilendirerek ve görüşlerini, zamanımızın öne çıkan sözde felsefecilerinin görüşleriyle kıyaslayarak bir yere varmaya çalıştım. İşte bu arayış ve nazari bilgi yoluyla hakikati deneyimledim ve müşahede yoluyla da ondan bir parça nasibimi aldım. Artık bu hususta kendi yaklaşımımı aktarmanın zamanının geldiğini düşünüyorum. Zihni berrak, samimi bir dostum olarak mektubundaki soruna cevap olmak üzere bu fikirlerimi ilk kez sana açıyorum.

Fakat ilk merhaleleri atlayarak doğrudan vardığım son aşamayı anlatırsam basmakalıp bir özetin sağladığı faydadan öteye geçemeyeceğimi biliyorum. Bütün bunları, fikirlerimin sorgulanmadan kabule şayan olduğunu göstermek için değil aramızdaki sevgi ve dostluk hukukundan kaynaklanan iyi niyete dayanarak yazıyorum. Senin yüksek mertebelere ulaştığını görmedikçe bil ki ben de tatmin olmam. Bunun dışında hiçbir mertebe seni yukarılara taşıyamayacağı gibi en basitinden bir kurtuluşu dahi temin edemez. Açıkçası, seni daha önce geçtiğim yollardan geçirmek ve daha önce yüzdüğüm denizlerde yüzdürmek istiyorum. Böylece sen de benim vardığım yere varacaksın ve yol boyunca gördüklerimi göreceksin. Ve nihayetinde basiretimle fark ettiklerimi fark ettiğinde sana sağladıklarımın sınırlarından sahip olduklarını azat edeceksin.

Bunu yapmak epeyce zaman ister. Zihnini meşgul eden her şeyi bırakıp yalnızca bu meseleye kendini vermen gerekir. Azminde sadık olur ve iyi niyetle kolları sıvarsan sabah olduğunda geceleyin çektiğin sıkıntıları unutur ve gayretlerinin bereketini devşirirsin. Böylece hem Rabb'ini hoşnut edersin hem de onun senden hoşnutluğunu kazanırsın. Bana ihtiyacın oldukça yanında olacağım. Ümit ederim ki en kısa, en güvenilir ve en engelsiz yollardan sağ salim ulaşmanı sağlayabilirim.

Şimdi, seni bu yolculuğa teşvik etmek ve kısa bir giriş yapmak amacıyla Şeyh Ebu Ali İbn Sina'nın *Hayy bin Yakzan*[7] ile *Asal ve Salaman* olarak adlandırdığı kahramanların öykülerini anlatacağım. Zira *"Onların kıssalarında akıl sahipleri için çıkarılacak dersler vardır."*[8] Ve *"Şüphesiz ki bunlar, kalplerini veya kulaklarını dört açanlar için birer ikazdır."*[9]

---

7 Sunuşta bahsettiğim gibi Hayy bin Yakzan "Uyanık Akıl oğlu Diri" anlamına geliyor. (ç.n.)
8 Yusuf Suresi, 111. (ç.n.)
9 Kaf Suresi, 111. (ç.n.)

2

HAYY BİN YAKZAN'IN DOĞUMU VE ÇOCUKLUĞU

Amelleri salih olan seleflerimizin –Allah hepsinden razı olsun– rivayet ettiklerine göre: Ekvator hattı altındaki Hint adalarının birinde, anası babası olmadan kendiliğinden doğan insanlar yaşardı. el-Mesudi'nin "Vakvak Adası" dediği bu yerde meyveleri kadınlar olan ağaçlar vardı. Çünkü burası yeryüzünün en ılıman iklimine sahipti ve en yüksek güneş ışığını kusursuzca yansıtabiliyordu. Fakat bu görüşün aksini iddia eden birçok önemli felsefeci ve doğa bilimci vardır. Bunlar, dünyanın en ılıman bölgesinin dördüncü bölge olduğunu ileri sürerler. Coğrafi koşullar Ekvator hattında insan yerleşimine izin vermediği için böyle düşünüyorlarsa iddiaları dikkate alınabilir. Fakat birçoğunun açıkça ifade ettiği gibi Ekvator hattının aşırı sıcak olmasından dolayı bu savı ileri sürüyorlarsa kolayca çürütülebilecek bir yanlışla karşı karşıyayız demektir.

Doğa bilimlerinde sıcaklığın hareket, iletim ve ışınım olmak üzere üç yoldan biriyle meydana geldiği kanıtlanmıştır. Aynı bilimlerden öğreniyoruz ki güneş özünde ne sıcaktır ne de bahsettiğimiz türden bir etkileşime girer. Işığı en iyi yansıtan cisimler, şeffaf olmayan cilalı cisimlerdir. Onları, cilalanmış yoğun cisimler tek tip yoğun yoğun olmayan şeffaf cisimler ise hiçbir surette ışığı yansıtmaz. Bunu ilk kanıtlayan Şeyh Ebu Ali İbn Sina'dır. Şayet bahsedilen öncüller doğruysa güneşin yeryüzünü ısıtması, cisimlerin başka cisimleri iletim yoluyla ısıtmasından farklıdır. Hâlbuki ne güneş özü itibariyle sıcaktır ne de yeryüzü hareket vasıtasıyla ısınır. Gerek gün doğumunda gerekse gün batımında hissedilen sıcaklık dereceleri değişse de yeryüzü hep aynı durağan pozisyondadır. Üstelik güneş, önce atmosferi ardından iletim yoluyla yeryüzünü ısıtmaz. Sıcak günlerde yere yakın havanın yükseklerdeki havadan çok daha sıcak olduğunu bildiğimiz hâlde aksi iddia edilebilir mi?

O hâlde geriye tek bir seçenek kalıyor: Güneşin yeryüzünü yalnız ışıkla ısıttığı. Isı her zaman ışığı takip eder. Örneğin, kuvvetli ışık içbükey aynaya yansıtıldığında odaklandığı yeri tutuşturur. Matematik ve astronomi ilimlerinde kesin delillerle ispatlanmıştır ki güneş, tıpkı yeryüzü gibi küre şeklindedir ve yeryüzünden çok daha büyüktür. Yeryüzünün yarısından daha büyük bir kısmı güneş tarafından sürekli aydınlatılır. Aydınlatılan bu kısımda ışığın en şiddetli olduğu nokta ise yeryüzünün ortasıdır. Burası aynı zamanda dairenin çevresindeki karanlığa en uzak yeridir ve güneş ışığına doğrudan maruz kalır. Kenara yaklaştıkça ışık giderek azalır. Dairenin çevresinde, yeryüzünün hiç ışık almadığı yer karanlık olur.

Güneş bir yerin sakinlerinin başucu noktasına geldiğinde ışık dairesinin ortasında yer alır ve ısı en yüksek seviyede olur. Demek ki güneş başucu noktasından uzaklaştıkça ona maruz kalan yer soğur, başucu noktasına

yaklaşır ya da ısınır. Fakat astronomi ilmine göre, Ekvator hattının üzerinde bulunan bölgelerde güneş yılda yalnız iki kere başucu noktasıyla kesişir: Birinde Koç burcunun ilkbahar ekinoksuna, diğerinde ise Terazi burcunun sonbahar ekinoksuna girer. Yılın geriye kalan kısmında ise altı ay kuzeye, altı ay da güneye yönelir. Bu yüzden bölge sakinleri, aşırı sıcağa ya da aşırı soğuğa maruz kalmadan ılıman bir iklimde yaşarlar.

Aslında mesele daha fazla açıklamayı gerektirecek kadar geniştir fakat odağımızdan sapmak niyetinde değiliz. Bahsedilen bölgede insanın, annesi ve babası olmadan kendiliğinden yaratıldığına dair iddialardan dolayı bu konuya girdik. Zira birçok kişi, Hayy bin Yakzan'ın, adada herhangi bir anne ve babadan doğmadan, kendi kendine var olduğunu kesin bir hükümle savunur.

Ancak birçok kişi de bu görüşü kabul etmeyerek Hayy bin Yakzan'ın durumuyla ilgili başka bir hikâye anlatır. O da şöyle: Bahsedilen adanın karşısında ucu bucağı olmayan, verimli mi verimli, insanlarla dolup taşan bir ada daha vardı. Bu adanın sahibi, gururuna düşkün, aşırı kıskanç bir sultandı. Sultanın göz kamaştıran güzellikte bir kız kardeşi vardı. Sultan, kız kardeşine layık bir eş bulamadığı için onun evlenmesine izin vermiyordu. Derken sultanın Yakzan adında bir akrabası, törelerine uygun şekilde kızla gizlice evlendi. Çok geçmeden kız hamile kaldı ve bir erkek bebek doğurdu. Fakat evliliklerinin açığa çıkmasından korktuğu için bebeği iyice emzirdikten sonra sıkıca kapattığı bir sandığın içine yerleştirdi. Akşam olunca birkaç hizmetçisi ve güvendiği dostlarıyla birlikte bebeği denize götürdü. Yavrusuna olan sevgisinden ve onun başına geleceklerden duyduğu korkudan dolayı yüreği sızladı ve yavrusuna şu sözlerle veda etti: "Allah'ım, bu yavruyu hiç hesapta yokken sen var ettin. Onu içimin karanlıklarında besledin. Bir insan şeklini alana kadar himaye ettin. Şimdi onu senin lütfuna teslim ediyorum. Bu taş yürekli, dediğim dedik sultanın hışmından sana sığınıyorum. Bebeğim sana emanettir, onu yalnız bırakma. Senin merhametin her şeyi kuşatır." Sonra sandığı denize bıraktı.

O gece güçlü bir met dalgası çocuğu alıp karşı adanın kıyısına taşıdı. Met dalgası yılda ancak bir kez bu seviyeye ulaşabiliyordu. Sular, bütün gücüyle sandığı ağaçları sık, toprağı yumuşak, rüzgârlara ve yağmura karşı korunaklı, güneşe karşı gölgeli, gün doğumunda ve gün batımında güneşi teğet geçen bir cangıla götürdü. Sandığın içindeki çocuğu cangıla bırakan sular bir süre sonra çekildi ve sandık olduğu yerde kaldı. Rüzgârlar cangılın ağzında kum biriktirdi, böylece met dalgaları sandığın olduğu yere tekrar ulaşamadı. Dalgalar sandığı cangıla savururken çiviler yerinden oynamış, tahtalar gevşemişti.

Karnı çok acıkan bebek ciyak ciyak ağlamaya ve sandığın içinde debelenmeye başladı. Bebeğin sesi, yuvadan uzaklaştığı sırada bir kartal tarafından kaçırılan kayıp yavrusunu aramakta olan dişi bir antilobun kulağına kadar geldi. Antilop, sesin kendi yavrusuna ait olduğunu düşündü. Yavrusuna kavuşacağı anı düşleyerek sesin geldiği yönü takip etti ve sonunda sandığa ulaştı. Bebek sandık içinde ağlayıp debelenirken antilop ayağıyla sandığı kontrol etti. O anda sandığın üst tarafından bir tahta yerinden fırladı. Antilop, hüzün ve şefkatle karışık bir duyguyla bebeğin yanına sokuldu ve hemen memesinden ona bol bol süt içirdi. Artık onu himaye eden, büyüten ve her türlü eziyetten koruyan biri vardı.

İşte, Hayy bin Yakzan'ın kendi kendine türemediğini savunanların dayandığı hikâye de böyledir. Bebeğin hangi aşamalardan geçip muazzam seviyeye ulaştığını anlatacağız. Fakat bundan önce, Hayy'ın topraktan türediğini savunanların iddialarına bakalım.

*

Hayy bin Yakzan'ın topraktan doğduğunu savunanlara göre, ada toprağının derinliklerinde yıllar boyunca mayalanmış durumda olan büyük bir kil kütlesi vardı. Bu kütlede sıcak ile soğuk, nem ile kuruluk o kadar kaynaştı ki kuvvetler homojen bir şekilde dengelendi. Maya hâlindeki bu kil kütlesi oldukça büyüktü ve bunlardan bazıları diğerlerine göre eşeyler oluşturmada daha uyumluydu. Kütlenin orta yeri onun en dengeli ve insan mizacına en yakın yeriydi.

Kil kütlesi karışıp çalkalanınca, aşırı akışkan olması nedeniyle ateşte fokurduyormuş gibi kabarcıklar meydana geldi. Kütlenin orta yerinde, ince bir zarla ikiye bölünen, içi narin havai bir cisimle dolu çok küçük bir kabarcık, insan aklının alabileceği en iyi şekilde biçimlendi. O sırada ruh, Yüce Allah'ın emriyle[10] kabarcığa o kadar yapıştı ki ne his ne de akıl onları ayırabildi. Güneş ışığı nasıl ki dünyaya kesintisiz akar, ruh da kudret sahibi Allah'ın katından ara vermeden akar.

---

10 İsra Suresi, 85. ayete gönderme vardır: "Sana ruhun mahiyetini soruyorlar. De ki; ruh, Rabbimin emrindedir ve ona dair pek az bilgiye sahipsiniz." (ç.n.)

Bu görüşlere devam etmeden önce, bir hususu bir nebze açıklığa kavuşturmalıyım. Bazı cisimler güneş ışığıyla aydınlanmaz. Çok saydam hava da böyle bir cisimdir. Bazı cisimler de kısmen aydınlanır. Cilalı olmayan bu tür yoğun cisimler, ışığı kabul etme yeteneği bakımından farklılıklar gösterir. Cisimlerin renkleri de buna göre değişir. Ayna ve benzeri cilalanmış bazı cisimler de gün ışığını tamamen alır. Ayna, belli bir içbükey şeklindeyse aşırı ışıkta ateş meydana getirebilir. Cenab-ı Allah'ın emriyle bütün varlıkların üzerine kesintisiz akmakta olan ruh da böyledir. Buna karşın bazı cisimlerde herhangi bir ruh yeteneği olmadığından ruhtan hiçbir iz taşımaz. Hayat belirtisi taşımayan cansız varlıklar böyledir. Bunlar, saydam hava örneğindeki gibidir. Bitkilerdeki ruh belirtisi ise kapasitelerine göre farklılıklar gösterir. Bunlar, yoğun cisimler örneğindeki gibidir. Son olarak, bazı cisimlerde ise ruhun izi son derece barizdir. Hayvan türleri bu sınıfa dâhildir ve cilalı cisimler örneğini akla getirir.

Nasıl ki cilalı cisimler güneş ışığına son derece yatkın oldukları için güneşin suretine ve görüntüsüne benzer, aynı şekilde başta insan olmak üzere canlılar içinde de ruha aşırı yatkın olanlar olduğu için onun suretinde biçimlenerek ona benzeyen türler vardır. Resulullah'ın şu sözü buna işaret eder: "Kuşkusuz Allah, Âdem'i kendi suretinde yarattı."

Bu suret, bir insanda diğer bütün suretleri ortadan kaldıracak derecede güçlenip kalıcı hâle gelirse, onun ilahi ışığı dokunduğu her şeyi yakar. Böylece, ışığı kendinde yansıtan ama kendi dışındaki bütün cisimleri yakan ayna konumunda olur. Bu hâle sadece peygamberlerde –Allah hepsine rahmetini bahşetsin— rastlanır ki elinizdeki risalenin ilgili yerinde açıklanmıştır. Şimdi, Hayy'ın kendiliğinden yaratıldığını savunanların görüşlerine yeniden dönelim. Onlar şöyle diyorlar:

Ruhun kabarcığa yapışmasıyla birlikte kabarcığın bütün kuvvetleri ona tabi oldu ve Allah'ın iradesiyle ona mutlak surette itaat etti. Bu kabarcığın karşısında, ince zarlarla ayrılmış ve geçiş kanallarıyla birbirine bağlanmış üç bölmeli başka bir kürecik daha oluştu. İlk kabarcıkta olduğu gibi o da havai bir cisimle doldu ancak daha narindi.

Tek kabarcıktan bölünen bu üç kabarcık, ruha tabi olan bir dizi kuvveti bünyesine alarak ruhu koruma ve onunla ilgilenme görevini üstlendi. En basitinden en karmaşığına kadar diğer işlevleri ise ilk küreciğe yapışan ilk ruhla ilişkilendirdi.

Bu küreciğin hemen yanında ve ikinci küreciğin karşısında, bu ikisine nazaran daha kalın havai bir cisimle dolan üçüncü bir kabarcık daha meydana geldi ve ruha tabi bir dizi kuvveti bünyesine yerleştirerek onu koruma ve kollama yükümlülüğünü üstlendi. İşte bu üç kürecik, mayalanmış büyük çamur kütlesinden oluşum sırasına göre ilk defa yaratıldılar.

Küreciklerden her biri diğerlerine muhtaçtı. İlk yaratılan kürecik diğer ikisinin hizmetine bağımlıyken diğer ikisinin de ilkine bağımlılığı, yöneticinin yönetilene ve liderin kitlelere bağımlılığına benzer. Fakat bu ikisinden sonra yaratılacak kürecikler yönetici değil yönetilen konumunda olacaklardır. Bundan dolayıdır ki ikinci kürecik üçüncü küreciğe nazaran yöneticiliğe daha yatkındır.

Zira birinci kürecik, ruha yapışıp onun ateşiyle yandığı sırada ateşten bir çam kozalağı oluştu. Ona yapışan yoğun cisim de katı bir et biçiminde aynı şekli aldı ve üzeri koruyucu sağlam bir kabukla örtüldü. Oluşan bu organa kalp adı verildi.

Sıcaklığı takip eden çözülme sonrası nemin ortadan kaybolmasından dolayı kalbi besleyecek ve kaybettiklerini sürekli telafi edecek bir şeye ihtiyaç vardı. Aksi takdirde uzun süre yaşayamazdı. Ayrıca kalbin, kendisi için neyin uygun neyin uygun olmadığını anlayabileceği bir hisse de ihtiyacı vardı ki böylece uygun gördüklerini çekebilir, uygun görmediklerini de itebilirdi. Bizzat kalbin kendisinden kaynaklanan yetilerden aldıkları güçle bunu da iki organ sağladı: Hisle ilgili işlevleri beyin, beslenmeyle ilgili işlevleri ise karaciğer üstlendi. Kalp, bu organlara yalnızca his ve besin işlevlerini yerine getirmeleri için gerekli gücü sağlamıyor, aynı zamanda ihtiyaç duydukları harareti de iletiyordu. Bundan dolayı organlar arasında ihtiyaca göre kimi dar kimi geniş kanallar ve geçiş yolları örüldü ki, bunlar da toplardamar ve atardamarlardı.

Hayy'ın topraktan doğduğunu iddia edenler, doğa felsefecilerinin, ceninin rahimde yaratılış aşamalarını anlattıklarına benzer bir şekilde, organların yaratılış sürecini bir bir anlatmaya koyuldular. Nasıl ki doğa felsefecileri, ceninin yaratılışının kemale ermesinden ana karnından çıkmasına kadar olan her süreci bütün detaylarıyla betimliyorlarsa, bu iddianın sahipleri de tasvir edilmedik bir organ bırakmadılar. Doğa felsefecileri, söz konusu başkalaşımın en iyi tarifini yapmak için mayalanmış çamur kütlesi fikrinden yararlandılar. Buna göre söz konusu kütle, insan bedeninin yaratılmasına zemin hazırlayacak gerekli koruyucu zarlarla kaplandı. Cenin olgunlaşınca, doğumdaki sancıya benzer bir baskının sonucu olarak sarılı olduğu zarları yırtıp dışarı çıktı. Sonra da çamur kütlenin kurumaya yüz tutmuş olan diğer kısımları çatladı.

Bir süre sonra mayalanmış çamurdan aldığı besini tükendiği için iyice acıkan çocuk, ağlayarak yardım istedi. Yavrusunu kaybeden bir antilop yardımına koşup açlığını giderdi. Hayy'ın hikâyesinin bundan sonraki kısımlarında herkes hemfikirdir.

*

Hayy'ın bakımını üstlenen antilop adanın otlağı bol, toprağı verimli bir yerini yurt edindiği için semizdi ve sütü de boldu. Bu yüzden çocuğu çok iyi besliyordu. Otlamak için ayrılmak zorunda kaldığı zamanlar dışında çocuğun yanından hiç ayrılmıyordu. Çocuk da antiloba o kadar çok alışmıştı ki ihtiyaç duyduğunda şiddetle ağlıyor, anne antilop da fırlayıp onun yanına dönüyordu. Oysa adada gerçek anlamda yırtıcı hayvan yoktu.

Böylece çocuk, anne antilobun sütüyle büyüdü ve iki yaşına geldi. Yürümeyi öğrendi, dişleri çıktı. Antilobun gittiği her yerde onu takip etmeye başladı. Antilop da ona şefkat duyuyor, meyveli ağaçların olduğu yerlere götürüyor, ağaçlardan düşen tatlı ve olgun meyveleri yemesini sağlıyordu. Kabukları sertse önce dişleri arasında kırıyor ve öyle yediriyordu. Süt içmek isterse memesini veriyor, su içmek isterse suya götürüyordu. Güneşten rahatsız olursa gölgesine alıyor, üşürse ısıtıyordu. Akşam olunca da çocuğu ilk bulduğu yere götürüyor ve onu hem kendi vücut ısısıyla hem de sandığına doldurduğu tüyler yardımıyla ısıtıyordu. Bir antilop sürüsüyle birlikte otlaklara çıkıyorlar, sonra da birlikte dönüp geceyi aynı yerde geçiriyorlardı. Çocuk bu şekilde antilopların içinde yaşadı.

Antilop seslerini öylesine başarılı taklit edebiliyordu ki kendi sesiyle antilop sesleri neredeyse birbirinden ayırt edilemezdi. İsterse kuş cıvıltılarını ve diğer hayvan seslerini de taklit edebiliyordu. Antilop seslerini çoğu zaman bir tehlikeyi haber verme, ilgi isteme, çağırma ve savunma durumunda taklit ederdi. Zira hayvanlar her durum için farklı sesler çıkarıyorlardı. Vahşi hayvanlarla da birbirlerine alışıp birbirlerine ilişmediler.

Hayy varlıkları görmese de zihninde görüntüleri sabit kaldığından bazılarına sempati bazılarına nefret duydu. Hayvanları da bu hislerle gözlemledi. Bazıları kürklü, kıllı, bazıları da tüylüydü. Bazılarının nasıl süratle koştuğunu, bazılarının nasıl amansızca kavga ettiğini ve hasmına karşı kendini savunmak için boynuz, diş, toynak, mahmuz ve pençelerini nasıl silah gibi kullandığını fark etti. Sonra kendisine baktı. Çıplak ve savunmasızdı. Ne hızlı koşabiliyordu ne de iyi dövüşebiliyordu. Hayvanlarla bir meyveyi kapma yarışına girdiğinde meyveyi kapıp galip gelen hep hayvanlar oluyordu. O sırada Hayy ne kendisini savunabiliyor ne de kaçabiliyordu.

Kendi yaşındaki antilop yavrularının boynuzları çıkıyor ve giderek daha hızlı koşabiliyorlardı. Kendisindeyse böyle bir değişiklik olmuyordu. Bunları düşünüyordu ama nedenini bir türlü anlayamıyordu. Sakat veya doğuştan özürlü hayvanlarda da kendisinde bulunan bu şeyi göremiyordu. Hayvanların koyu atık yerlerini kuyruklar, ince atık yerlerini ise kıl ve benzeri şeylerle kapatıyordu. Dahası erkeklik organları da onun erkek organına nazaran daha az görünebilir bir yerdeydi. Bütün bunlardan dolayı son derece rahatsız oluyor ve kendisini kötü hissediyordu.

Bu meselelere kafa yorduğunda neredeyse yedi yaşındaydı. Kendisine zarar vermeye başlayan bu gibi eksikliklerin ortadan kalkacağına dair ümidini yitirince bir ağacın geniş yapraklarını alıp bazılarını önüne bazılarını da arkasına yapıştırdı ve onları hurma yaprakları ve kamıştan bir kemerle beline tutturdu. Fakat çok geçmeden yapraklar tazeliklerini yitirip kurudular ve düşmeye başladılar. Hayy düşenlerin yerine daha fazlasını koydu. Böylece yaprakların kalış sürelerini biraz daha uzatsa da düşmelerini önleyemedi.

Ağaçlardan dallar kopardı ve bunlardan fazlalıkları yontulmuş, uçları sivriltilmiş çubuklar yaptı. Bunlarla kendisine karşı mücadele eden hayvanlara gözdağı verdi. Bu şekilde kendisinden daha güçsüz olanlara saldırabildi. Daha güçlü olanlara karşı da kendini savunabildi. Böylece az da olsa kendine olan saygısı arttı. Bir süre sonra ellerinin diğer hayvanların ellerine göre daha becerikli olduğunu fark etti. Ellerini kullanarak mahrem organlarını örtmüş, doğal bir silahı veya kuyruğu olmaksızın dallardan yaptığı çubukları kullanarak kendini savunmayı başarabilmişti.

Bu şekilde büyüyüp yedi yaşına girdi. Kendini sürekli yeni yapraklarla örtme çilesi uzun zaman alıyordu. Bu-

nun ya da telef olmuş hayvanlardan birinin kuyruğuyla örtünebileceğini düşündü. Fakat sağ hayvanların ölen hayvanların leşlerinden uzak durduğunu fark etti. Bir gün bir akbaba leşine rastlayana kadar bu fikrini harekete geçirmedi. Hayvanların akbaba leşinden çekinmediklerini fark edince emelini gerçekleştirmek için eline geçen fırsatı değerlendirmeye karar verdi. Cesurca atılıp akbabanın kanatlarını ve kuyruğunu kökünden kopardı. Kanatları açıp tek tek düzleştirdi. Deri kalıntılarını kanatlardan sıyırdı. İki kanat parçasından biriyle sırtını, diğeriyle de göbeğinin altını örttü. Kuyruk kısmını ise omuzlarına astı. Böylece hem üşümesini önleyecek bir örtüsü oldu hem de hayvanların önüne çıkmaya pek cesaret edemeyeceği bir heybet kazandı.

Kendisini emziren ve yetiştiren anne antilop dışında hiçbir hayvan Hayy'a yaklaşamıyordu. Anne antilopla birbirlerinden hiç ayrılmıyorlardı ama antilop bir hayli yaşlanmış ve zayıf düşmüştü. Hayy, antilobu verimli meralara götürüyor, ona tatlı meyvelerden yediriyordu. Fakat antilop giderek daha fazla zayıf düşüyordu. Sonunda ölüme yakalandı ve hareketleri tamamen durdu. Çocuk onu bu hâlde görünce çok kederlendi. Öyle ki kederden canı yandı. Ona her zamanki gibi seslendi ama herhangi bir karşılık alamadı. O zaman avazı çıktığı kadar bağırdı. Yine de antilopta herhangi bir hareket belirtisi olmadı.

Antilobun kulaklarını ve gözlerini kontrol etti. Herhangi bir kusur görünmüyordu. Diğer organlarını kontrol etti, görünürde bir kusur gözükmüyordu. Antilobu bu hâle getiren kusurun kaynağını bulup onu gidermeyi umuyordu fakat buna ilişkin herhangi bir ipucuna rastlayamadı. Onu bu arayışa sevk eden şey, daha önce kendi bedeni üzerinde yaptığı bazı gözlemlerdi. Gözlerini kapatınca ya da üzerini bir şeyle örtünce hiçbir şey göremiyordu. Görebilmek için bu engeli ortadan kaldırması gerekiyordu. Aynı şekilde parmaklarıyla kulağını tıkadığında ellerini kaldırana kadar bir şey duyamıyordu. Burun deliklerini kapattığında da yeniden açana kadar koku alamıyordu. Demek ki tüm hislerin ve fiillerin önüne engel çıkabilirdi ve bu engeller ortadan kaldırılırsa her şey yeniden doğal seyrine dönebilirdi.

Antilobun açıkta kalan bütün organlarını inceledikten sonra belirgin bir kusur göremeyince sorunun, gözle görünmeyen bir iç organla ilgili olabileceği aklına geldi. Öyle bir organ ki dış uzuvların işleyişi için vazgeçilmez olmalıydı. İşte bu organ bozulduğu için bedenin diğer organları işlevlerini yitirmişti. O hâlde "o" organı bulup hasarını giderirse yeniden eski işlevini kazanıp bedenin diğer organlarını da canlandırabilir ve fiillerini eski hâline döndürebilirdi.

Geçmişte ölü hayvanların bedenlerinde kafa, göğüs ve karın bölgesi dışında herhangi bir boşluk olmadığını gözlemlemişti. Aradığı organın, bedenin bu üç boşluğunun birinde olması gerektiğini düşündü. Büyük bir ihtimalle de bedenin orta yerinde olmalıydı. Bütün organların "o" organa bağlı çalıştığını tasarladığından bedenin orta kısmında yer aldığına kanaat getirdi. Kendi bedeninde de aynı organın göğüs bölgesinde yer aldığını hissediyordu. El, ayak, kulak, göz ve burun hareketlerini sınırlandırıp bunlar olmadan hayatını sürdürebileceğini fakat göğüs kafesinin altındaki her neyse bir an olsun onsuz yapamayacağını düşünüyordu. Ayrıca hayvanlarla itişirken onların boynuzlarından göğsünü korumak için özel bir çaba sarf ettiğini fark etti. Demek ki o bölgede hassas bir şeyler vardı.

Antilobun kusurlu organının, göğüs bölgesinde olması gerektiğine dair kesin bir kanaate varınca onu bulup incelemeye karar verdi. Belki de sorunun kaynağını bulup ortadan kaldırabilecekti. Fakat bu hareketi, mevcut durumdan daha büyük sorunlara yol açabilirdi. Daha önce böyle hareketsiz kalıp yeniden eski hâline dönen bir hayvan görmüş müydü? Düşündü. Hayır, görmemişti. Onu kendi hâline terk etse de durum değişmeyecekti fakat "o" organı bulup kusurunu giderirse antilobu yeniden hayata döndürebileceğine dair az da olsa bir ümit vardı. Sonunda antilobun göğsünü yarıp içini incelemeye karar verdi. Sert kaya parçaları ve bıçak keskinliğinde kurumuş kamış yardımıyla kaburga kemiklerinin arasındaki eti yardı. Etleri yara yara kemiklerin altındaki diyaframa ulaştı. Sağlam olduğunu görünce böylesi bir mahfazanın aradığı organa ait olabileceğine kanaat getirdi. Bunu geçerse "o" organa da ulaşabilirdi. Bu düşüncelerle diyaframı yarmaya çalıştı ama taş ve kamıştan başka aleti olmadığı için başaramadı.

Bu iş için yeni kesici aletler yapıp iyice bileyledi. Dikkatli bir şekilde diyaframı delip akciğere ulaştı. Önce aradığı organa ulaştığını zannetti. Akciğerin etrafını iyice inceleyip hasarlı yeri görmeye çalıştı. Bir süre sonra elindeki organın bedenin yalnızca bir tarafında olduğunu, oysa aradığı organın boyuna ve enine bedenin tam ortasında bulunması gerektiğini düşündü. Bu düşüncelerle organı, göğüs boşluğunun altında aramaya devam etti. Sonunda sağlam bir örtüyle kaplı, son derece sıkı dokularla bağlanmış, girdiği yerden akciğerle çevrelenmiş olan kalbe ulaşmayı başardı. "Bu organın diğer tarafta da aynısı olduğuna göre gerçek anlamda orta bölge burası olmalı ve aradığım organ da bu olmalı." dedi kendi kendine. "İyi bir durumda olması, şeklinin güzel olması, etinin sağlam ve sıkı olması da tahminimi doğruluyor. Üstelik şimdiye kadar hiçbir organda görmediğim sağlamlıkta koruyucu bir örtüsü var."

Göğüs kafesinin diğer tarafını da kontrol etti. Burada diyafram ve akciğer yer alıyordu. Böylece artık aradığı organı bulduğuna iyice kanaat getirdi. Organı kaplayan örtüyü ve iç zarını çıkarmak için büyük bir çaba gösterdi. Muazzam bir çaba ve biraz da tiksintiyle kalbi soyutlamayı başardı.

Etraflıca bakıldığında sağlam ve sıkı görünüyordu. Açıkta herhangi bir hasar görmek için kalbi inceledi ama bir şey bulamadı. Organı eliyle sıkınca, içinin boş olduğunu fark etti. "Belki de aradığım şey içeride ve hâlâ keşfedilmeyi bekliyor" dedi kendi kendine. Kalbi ikiye ayırınca biri sağda biri de solda olmak üzere iki karıncığa rastladı. Sağdaki karıncık katı bir kan pıhtısıyla doluydu, ama soldaki karıncığın içi boştu. "Aradığım şey bu iki haneden birinde olmalı" diye düşündü. "Sağ hanede katılaşmış kandan başka bir şey görmüyorum. Kuşku yok ki bedenin tümü bu hâle gelmeden kan pıhtılaşmış olamaz. Zira akan kanın nasıl pıhtılaşıp donduğunu önceki deneyimlerimden biliyorum. Bu kanın diğer kanlardan farkı ne olabilir ki? Görüyorum ki aynı kan diğer organlarda da var yani onu bu organa özgü bir şey değil. Aradığım organın, göz açıp kapama süresinde bile onsuz yaşayamayacağım hayati bir işlevi olmalı. İşte, başından beri bu organın peşindeyim. Hayvanlardan ve taşlardan darbe aldığımda bedenimden dökülen de bu kandı. Ama bundan dolayı ciddi bir zarara ya da güç kaybına uğradığımı hatırlamıyorum. Şu anda bakmakta olduğum bu karıncıkla işim olamaz. Soldaki karıncığın içi boş ama bunun orada öylesine durduğunu da söyleyemem. Zira görüyorum ki her organın kendine özgü bir işlevi var. O hâlde gördüğüm bu kusursuz hanenin işlevsiz olması mümkün mü? Demek ki aradığım organ aslında bu hanenin içindeydi ama bulunduğu yeri terk edince bedende hasar meydana geldi ve bundan dolayı da beden his ve hareket yeteneğini yitirdi." Hane sakininin yıkılmadan önce evi terk ettiğini anlayan Hayy, bunca kesip biçmeden sonra bedenin de eski hâline dönmeyeceğine kanaat getirdi.

Bir süre yaşayıp sonra da haneyi terk eden bir sakin olarak kafasında canlandırdığı "o şey" olmadan ceset hiçbir değer taşımıyordu. Hayy, düşüncelerini "o şeye" odakladı: Ne idi? Nasıldı? Nasıl bir bağla bu bedene bağlanmıştı? Nereye gitmişti? Bedenin hangi kapısından çıkıp gitmişti? İstemeyerek çıkıp gitmişse onu buna zorlayan neydi? Yok, kendi iradesiyle çıkmışsa onu bedenden nefret ettiren neydi?

Kafası bütün bu sorularla allak bullak olmuştu. Bu cesetle bir işinin olmayacağını düşünerek onu bir kenara attı. Bu hareketsiz ceset, kendisini emziren, bağrına basan annesi olamazdı. Annesinin hareket etmesini sağlayan, haneyi terk eden "o şey"di. Beden ise tıpkı hayvanlarla mücadele etmek için kullandığı çubuk gibi, araçtan başka bir şey değildi. Böylece antilobun fiziksel bedenine odaklanan düşünceleri bedenin sahibine, onu hareket ettiren "şeye" odaklandı.

O sırada ceset bozulmaya, etrafa iğrenç kokular saçmaya başladı. Bu durum Hayy'ın cesetten daha da tiksinmesine yol açtı. Onu görmeye bile tahammül edemiyordu. Çok geçmeden, boğuşan iki karga çarptı gözüne. Kargalardan biri diğerini öldürdü ve sonra da toprakta bir çukur kazarak ölü kuzgunu gömdü. "Şu karganın katil olması çok kötü ama leşini toprağa gömmesi ne kadar güzel bir davranış!" diye mırıldandı Hayy. "Tabii ya, ben de anneme aynısını yapmalıyım." Bir çukur kazıp annesinin cesedini yerleştirdi ve üzerini toprakla örttü. Sonra bedeni çekip çeviren ama mahiyetini bilmediği "o şeyi" düşünmeye devam etti.

Antilop sürülerinin fertlerini tek tek gözlemledi. Hem şekil hem de suret bakımından annesine benziyorlardı. Büyük bir ihtimalle annesini canlı tutup harekete geçiren şey, bu antilopları canlı tutup harekete geçiren şeyin ta kendisiydi. Annesine benzedikleri için kendini onlara yakın ve samimi hissediyordu.

3

NESNE OLARAK DOĞAYI KEŞFİ

    Hayy bin Yakzan, antilobun ölümünden sonra uzunca bir süreyi hayvan ve bitki türlerini inceleyerek geçirdi. Adanın etrafında dolaşarak kendisine benzeyen varlıkları aradı. Gördüğü hayvan ve bitkilerin pek çok benzeri vardı. Fakat kendi benzeri yoktu. Adanın dört bir yanında deniz vardı. Bu nedenle kendi adası dışında başka bir yer olmadığını düşünüyordu.
    Bir gün sazlıkta kamışların birbirine sürtünmesi sonucu yangın çıktı. Hayy hayretle bu manzaraya baktı. İlk kez böyle bir şeyle karşılaşıyordu. Ateşi uzun uzun seyretti. Sonra yavaş yavaş alevlere yaklaştı. Ateşin delici ışığını, yok edici etkisini gözlemledi. Dokunduğu her şeyi kendine dönüştürüyordu. İzledikçe şaşkınlığı arttı. Allah'ın kendisine bahşettiği cesaretle elini ateşe doğru uzattı ve eline bir miktar alaz almak istedi. Alevler elini yakınca geri çekti. Sonra ateşin tamamen istila etmediği bir kamışın yanmayan ucundan tutarak barınak olarak kullandığı mağaraya götürdü.
    Hayy, ot ve çalı çırpı yardımıyla ateşin sürekli yanmasını sağladı. Gecesini gündüzünü hayranlık duyduğu bu yeni uğraşına verdi. Ateş, geceleri ışık ve ısı sağlayarak güneşin gündüz yaptığını yapıyordu. Bu onun ateşe olan

tutkusunu arttıdı. Sahip olduğu en güzel şeyin bu olduğunu düşündü. Ateş, sürekli yukarıya doğru çıkma eğilimindeydi. Bu nedenle onun gökyüzünde beliren parlak bir cevher olabileceğini düşündü. Hayy ateşin gücünü test etmek için içine durmadan bir şeyler atıyordu. Ateş, atılan nesnenin dayanma gücüne göre bazen hızlıca bazen de yavaşça onlara egemen oluyordu. Nesnelerin ateşe karşı dayanıklılığını ölçmek için kullandığı nesnelerden bazıları da denizin kıyıya attığı hayvanlardı. Bu hayvanlar ateşte yanarken etrafa Hayy'ın iştahını kabartacak kokular yayılıyordu. Hayvanların pişmiş etlerinden bir parça alıp yedi. Tadı güzeldi. Böylece etin nasıl yeneceğini öğrendi. Bundan sonra kara ve deniz hayvanlarını avlama yöntemlerinde ustalaştı.

Ateşe olan hayranlığı daha fazla arttı. Onun sayesinde daha önce hiç bilmediği besinleri tattı. Giderek daha fazla bağımlı hâle geldiği ateşin bu güçlü etkisinden yola çıkarak, kendisini büyüten anne antilobun kalbini terk eden "o şeyin", ateşin cevheri veya buna benzer bir şey olabileceğini düşünmeye başladı. Hayvan bedeninin hayattayken sıcak, öldükten sonra soğuk olması bundan kaynaklanıyor olmalıydı. Kendi göğsünde, anne antilobun göğsünü yardığı yere denk düşen noktada bu sıcaklığı hissediyordu. O hâlde bir hayvanı öldürmeden göğsünü yarıp yüreğini çıkarabilirse annesinin yüreğinde gördüğü o boşluğun neyle dolu olduğunu da ortaya çıkarabilirdi. O boşluğun içinde de ateşin cevheri mi vardı? Işık mıydı? Yoksa sıcaklık mı?

Bir hayvan yakaladı. Ayaklarını sıkıca bağladıktan sonra antiloba yaptığı gibi onun da kalbine ulaştı. Fakat bu defa doğrudan sol tarafa yöneldi. Kalbi yarınca boş-

lukta buyun sıcı konieyen buharlı bir hava gördü. Parmağını içine soktu. O kadar sıcaktı ki neredeyse parmağını yakıyordu. Hayvan hemen can verdi. İşte, hayvanın hareket etmesini sağlayan bu sıcak buhardı. Her canlıda bu buhardan vardı ve buharın terk ettiği beden ölüyordu.

Ertesi gün hayvanların diğer organlarını da inceleme arzusuyla uyandı. Bu organlar nasıl düzenlenmişti? Bedenin neresini işgal ediyorlardı? Nicelikleri neydi? Birbirleriyle nasıl bir bağımlılık içindeydiler? O sıcak buhar bu organlara nasıl ulaşıp da hayat veriyordu? Sıcak buhar devamlılığını nasıl sağlıyordu ve bu gücü nereden alıyordu? Sıcaklığı nasıl tükenmiyordu?

Birçok sağ ve ölü hayvanı kesip parçalayarak inceledi. Öyle ki bu alanda en usta doğa bilimcilerin seviyesine gelecek kadar derinleşti. Açıktı ki hayvanlardan her birinin pek çok organı, his ve hareket tarzı olsa da hepsi de tek bir kaynaktan doğup bedenin tamamına yayılan bir ruha sahipti. Bedenin her bir organı ruhun hizmetçisi veya temsilcisinden başka bir şey değildi. Bedenin işlerini, ruh çekip çeviriyordu. Bu durum karada ve denizde mücadele ettiği, avladığı veya kadavra amacıyla kesip biçtiği her hayvana karşı farklı silahlar kullanan donanımlı bir savaşçının işine benziyordu. Kimi silahlar saldırıya kimileri de savunmaya elverişliydi. Kimi kara hayvanlarını kimi de deniz hayvanlarını avlamaya elverişliydi. Bazıları yarmaya, bazıları kırmaya, bazıları da delmeye yarıyordu. İşte, aslında bütünleşik olan beden, bütün bu farklı aletleri uygunluklarına ve işlevlerine göre kullanıyordu.

Aynı şekilde hayvani *[el-hayevânî]* yani dirimsel ruh da bütünleşikti. Gözü kullandığında görme, burnu kullandı-

ında koklama işlemi gerçekleşiyordu. Dili kullandığında tatma, teni kullandığında dokunma, cinsel organı kullandığında sertleşme, karaciğeri kullandığında da beslenme ve sindirim devreye giriyordu.

Bu organların her biri ruha hizmet ediyordu. Fakat "sinir" denilen iletim kanalları olmadan ruh söz konusu organlara ulaşamazdı. Sinir kanallarının kesilmesi veya tıkanması organın işlevini yitirmesi demekti. Sinirler ruhu beyinden alıyor, beyin de onu kalpten alıyordu. Beynin içinde çok sayıda ruh vardı. Zira burası pek çok organa dağıtımın yapıldığı yerdi. Herhangi bir sebeple bu ruhtan yoksun kalmış organ çalışmaz ve işe yaramaz bozuk bir alete dönüşürdü. Fakat bedenden tamamen çıkıp yok olursa veya bir şekilde çözülüp dağılırsa bedenin tümü hareketsiz kalır yani ölürdü.

Hayy bin Yakzan, böyle bir akıl yürütmeyle hayatının üçüncü yedi yılının yani yirmi bir yaşının sonunda söz konusu kavrayış seviyesine ulaştı. Bu süre zarfında pratik çözümler bulmada ustalaştı. Kadavra olarak kullandığı hayvanların derilerinden kendisi için giysiler ve ayakkabılar yaptı. Hayvan kılından ve hatmi, ebegümeci, kenevir ve diğer lifli bitkilerden ip üretti. Sağlam dikenlerden ve taş üzerinde keskinleştirdiği kamıştan kancalar yaparken aklına gelmişti bu fikir. Bütün bunlar kafasında "inşa etme" fikrini oluşturdu. Fazla yiyeceklerini saklamak için bir kiler inşa etti. Kendisi yokken herhangi bir hayvanın içeri girmemesi için de kamışlarla örülmüş bir kapıyla güvenli hâle getirdi.

Avlanmada kullanmak üzere yırtıcı kuşlar eğitti. Yumurtasından ve etinden yararlanmak için kümes hayvanları yetiştirdi. Yaban öküzlerinin boynuzlarından süngüye benzer aletler yaparak sert kamışlara ve kayın ağacı dallarına taktı. Ateşle şekil verip taşların sivri kenarlarıyla iyice bileyerek bunlardan mızrağa benzer aletler yaptı. Sertleştirilmiş kalın deriden bir de kalkan yaptı. Bedeninin hayvanlar gibi doğuştan silah donanımına sahip olmadığını fark ettiğinden beri bunu telafi etmeye çalışıyordu. Birçok hayvan cinsini elleriyle yakalayabiliyordu ama elinden kurtulup kaçanları yakalayamıyordu. Buna bir çare bulmalıydı. Aklına gelen en iyi çözüm, hızlı koşan hayvanlardan birini sevdiği yiyeceklerle besleyip onu evcilleştirmek ve onun sırtına binerek avlarını bu şekilde kovalamaktı. Adada yaban atları ve yaban eşekleri vardı. Bunlardan uygun birini gözüne kestirip hedefini gerçekleştirecek kadar eğitti. Sırım ve deriden gem ve eyeri andıran şeyler yaptı. Bunlarla hayvana binmesi kolaylaştı. Böylece yakalamakta zorlandığı hayvanları da yakalamayı başardı. Kadavra üzerinde çalışıp organların karakteristik özelliklerini anlamaya yönelik ısrarlı arzusu sayesinde bütün bu becerileri kazandığında henüz yirmi bir yaşındaydı.

4

TEK VE ÇOK

Hayy bin Yakzan hayatında yeni bir aşamaya girmişti. Oluş ve bozuluş evrenindeki bütün nesneleri tek tek inceledi. Her türlü hayvanı, bitkiyi, madeni, taşı toprağı, suyu, buharı, karı, doluyu, dumanı, buzu, alevi, ateşin közünü gözlemledi ve bunların pek çok niteliklere ve etkilere sahip olduklarını fark etti. Nesnelerin birbiriyle örtüşen ve birbirinden ayrışan hareketleri vardı. İncelemelerini derinleştirince nesnelerin bazı niteliklerde benzer, bazı niteliklerde ise farklı olduğunu tespit etti. Benzeştikleri açıdan tek bir cins, ayrıştıkları açılardan ise farklı cinsler olduklarını gözlemledi. Nesneleri birbirinden ayıran karakteristik özelliklerine baktığında nesneler sayılamayacak derecede çoğalıyor ve sayıları kontrol edilemeyecek düzeyde yaygınlaşıyordu. Kendisi de çoğul görünüyordu. Sahip olduğu organların her birinin kendine özgü birer sıfatı ve işlevi vardı. Öyleyse her nesne gibi kendisi de parçalara bölünebilen çoğul bir yapıya sahipti.

Başka bir açıdan akıl yürüttüğünde ise tüm organların, çoğul olsalar da birbirlerine bağlı olduklarını ve hiçbir surette birbirlerinden ayrı durmadıklarını, bundan dolayı da "tek" hükmünde olduklarını gözlemledi. Organlar işlevlerine göre farklılık gösteriyordu ve bu farklılıkları, ilk gözlemlerinde fark ettiği hayvani yani dirimsel ruhtan aldıkları kuvvetten doğuyordu. Özünde tek olan söz konusu ruh, kendiliğin hakikatiydi. Bedenin bütün organları ise birer araç görevi görüyorlardı. Bu açıdan akıl yürütünce kendisinin de bütünleşik olduğuna hükmetti.

Sonra dikkatini hayvan türlerine yönlendirip antilop, at, eşek ve kuş cinslerini tek tek inceledi. Her bir cinsin fertleri iç organlar, dış organlar, hareket, davranış ve sezgi bakımından birbirlerine benziyorlardı. Aralarındaki farklılıklar, benzerliklere kıyasla çok önemsizdi. Buradan hareketle her bir türün aynı ruha fakat farklı kalplere sahip olduklarına hükmetti. Kalplere dağıtılmış olan bu ruhların tek bir kazanda birleştirilmesi mümkün olsa aynı türler bir araya getirilmiş olurdu. Bu, tıpkı aynı kaynaktan farklı kaplara doldurulup sonra bir yerde birleştirilen su veya içeceğe benziyordu. Doldurulurken de boşaltılırken de su aynı suydu. Suyun çoğulluğu bir anlamda arızi yani geçici bir durumdu. Hayy, bu bakış açısıyla bütün türleri "tek" görüyordu. Türleri oluşturan bireylerin çokluğu, bireyin gerçekte hiç de çok olmayan organlarının çokluğuna benziyordu.

Hayy, daha sonra bütün hayvan türlerini dikkatle incelediğinde bunların hissetme, beslenme ve kendi iradeleriyle istedikleri yere hareket etme becerisi bakımından benzeştiğini fark etti. Bu davranışların, hayvani yani dirimsel ruhun işleyişine özgü olduğunu ve bunların dışındaki davranışların ruhla doğrudan ilişkili olmadığını anladı.

Bu düşünceden hareketle, bireyler arasında önemsiz farklılıklar olsa da tüm hayvan cinslerinin dirimsel ruhlarının aslında tek olduğu sonucuna vardı. Bunu, aynı suyun birçok kaba dağıtılmasına benzetti. Sular temelde aynı olsa da bazı kaplar diğerlerinden daha soğuk olabilir. Aynı derecede soğuk olan su ile bahsettiğimiz dirimsel ruhun tek bir türe has olması arasında bir özdeşlik ilişkisi vardı. Öyleyse nasıl ki farklı kaplara dağıtılabilen söz konusu su tekti, dirimsel ruh da geçici bir çoğulluğa açık olsa da tekti. Bu şekilde mantık yürüterek tüm hayvan türlerini, tek bir âlem olarak gördü.

Sonra dikkatini farklı türlerdeki bitkilere yöneltti. Bitki türlerinden her birinin dalları, yaprakları, çiçekleri, meyveleri ve işlevleri birbirine benziyordu. Bitkilerle hayvanları karşılaştırınca bitkilerin de tıpkı hayvanlar gibi dirimsel ruha tekabül eden ortak bir şeye sahip olduğunu fark etti. Bütün bitkilerin beslenme ve büyüme bakımından özdeş olmasından dolayı bitkiler âleminin de tek olduğuna hükmetti.

Hayvanlar âlemi ile bitkiler âlemini bir bütün olarak ele alınca beslenme ve büyüme bakımından özdeş olduklarını fark etti. Fakat hayvanlar his, idrak ve hareket becerileri sayesinde ek niteliklere sahipti. Gerçi bitkilerde de hayvanlarınkine benzer hâller mümkündü. Örneğin çiçekler yüzünü güneşe çeviriyor, kökleri de besinin bulunduğu yere doğru hareket ediyordu. Buna benzer daha birçok benzerlik söz konusuydu. Bu gözlemi sonunda bitkilerle hayvanların aralarındaki ortak özelliklerden dolayı özdeş olduklarını sonucuna vardı. Bununla birlikte bu özdeşlik, birinde eksiksiz temsil edilirken diğerinde bir şekilde sekteye uğramış olabilirdi. Nasıl ki ister donmuş ister akar olsun su aynı suydu, bitkiler ve hayvanlar da aynı öze aitti.

Hayy bin Yakzan, daha sonra taş, toprak, su, hava ve ateş gibi ne hisseden ne beslenen ne de büyüyen cisimlere odaklandı. Bu cisimlerin belli bir uzunluğa, genişliğe ve derinliğe sahip olduğunu gözlemledi. Cisimler arasında, bazılarının renkli bazılarının renksiz, bazılarının soğuk bazılarının da sıcak olması dışında bir farklılık yoktu. Fakat sıcak cisimler soğuyabiliyor, soğuk cisimler de ısınabiliyordu. Su buhara, buhar da suya dönüşebiliyordu. Yanan cisimler kora, küle, aleve ve dumana dönüşebiliyordu. Yükselen duman ise bir taş kubbe engeliyle karşılaştığında orada birikiyor, yerdeki diğer cisimlerden farksız hâle geliyordu. Bu gözlemlerden yola çıkarak tüm cisimlerin, genel itibariyle hayvan ve bitkilerde de olduğu gibi çoğul olmalarına karşın gerçekte tek olduğu sonucuna vardı.

Sonra bitkilerde ve hayvanlarda bütünlük oluşturduğuna inandığı şeyin mahiyetini inceledi. Bunlar da herhangi bir algı veya beslenme yeteneğine sahip olmayan cansız cisimler gibi uzunluğa, genişliğe ve derinliğe sahipti. Isınabiliyor ya da soğuyabiliyorlardı. Cansız cisimlerden ayrıldıkları tek nokta ise hayvan ve bitki organlarında somutlaşan hareket etme işlevleriydi. Dahası belki de bu işlevler, onların özünde yoktu da bunları başka bir cisimden alıyorlardı ve bu cisim karıştığı her şeyi kendine benzetiyordu.

Hayy, ilk başta bir parçası gibi görünen bu işlevlerden bedeninin soyutlanması hâlinde ne olabileceğini merak etti ve kendi bedeninin de diğer cisimlerden farklı olmadığının farkına vardı. Bu derin düşünme eylemlerinin ardından, canlı olsun cansız olsun bütün cisimlerin aslında tek bir varlık olduğuna hükmetti. Bazı nesnelerin belli araçsal işlevleri vardı ancak bunların nesnelerin özünde mi var olduğunu yoksa dışarıdan mı nesnelere karıştığını yine de kestiremedi. Bu aşamada yalnızca cisimleri görüyordu. Bundan dolayı da ilk bakışta, bütün varlıkları çoğul ve sayısız görünmelerine rağmen tek görüyordu. Bir müddet böyle kalmaya da devam etti.

Fakat sonrasında kendisine bazen tek bazen de sayılamayacak kadar çok görünen canlı-cansız bütün fiziksel cisimler hakkında akıl yürütmeye başladı. Her bir nesnede iki özellik dikkatini çekti: Ya duman, alev ve suyun altındaki hava gibi yukarıya doğru çıkıyorlardı; ya da su, toprak parçası, bitki ve hayvan parçaları gibi tersi yönde yani aşağıya doğru iniyorlardı. Tüm cisimler, önlerine bir engel çıkmadıkça bu yönlerden yalnızca birine doğru hareket edebiliyordu. Örneğin, yukarıdan bırakılan taş, sert bir toprağa tesadüf edince onu delip geçmiyor, üzerinde kalıyordu. Toprağı delip geçmesi mümkün olsaydı eğer, bunu yapmaktan geri durmayacak gibi geliyordu ona. Bundan dolayı taşı yerden kaldırsanız da taş sürekli yere inme eğilimindeydi. Aynı şey duman için de geçerliydi. Onu sert bir kubbeye hapsetmedikçe yükselmeye devam ediyordu. Böyle bir engele rastladığında bile sağa sola dalgalanıyor, hava tarafından hapsedilemediği için de bir boşluk bulduğu anda yükselmeye devam ediyordu.

Yine bir tulum, havayla şişirilerek ağzı sıkıca bağlanıp suya daldırıldığında yüzeye çıkmaya yelteniyor ve suyun yüzeyindeki havayla buluşana kadar onu suyun altında tutmaya çalışan kişiye karşı direnmeye devam ediyordu.

Suyun purüylno çıkınca sakinleşiyor, yukarıya çıkma veya kendisine yapılan baskıya direnme ihtiyacı duymuyordu.

"Acaba yukarıya da aşağıya da hareket eğilimi göstermeyen bir cisim bulabilir miyim?" diye düşündü Hayy. Bu arayışıyla, cisimleri çoğul niteliklerden soyutlayarak onları yalnızca birer cisim olarak ele almayı amaçlıyordu. Fakat o ana kadar inceledikleri arasında bu özellikte bir cisim bulamadı. Arayışlarından yorgun düşünce, çoğul niteliklerden en fazla arınmış cisimlere yöneldi. Bir süre sonra cisimlerin, ağırlık ve hafiflik olmak üzere iki nitelik taşıdığını fark edince bunlara odaklandı: Bir cisimde ağırlık ve hafiflik, o cismin bir parçası mıydı yoksa fiziksel cisme eklemlenmiş bir nitelik miydi?

Öyle görünüyordu ki ağırlık ve hafiflik, cisimlere eklemlenmiş birer nitelikti. Zira bu iki özellik cisimlerde, sırf cisim oldukları için bulunsaydı her cismin bu iki niteliği birden barındırması gerekirdi. Oysa biliyordu ki ağır cisimler hafif olamaz, hafif cisimlerde de ağırlık bulunmaz. Ancak her hâlükârda ikisi de cisimdi ve her biri cisim olmalarının yanında ayırıcı niteliklere de sahipti. Aksi takdirde ikisi de her bakımdan özdeş olurdu.

Böylece Hayy, nesnelerin ağır veya hafif olmalarının, iki faktörün bileşiminden kaynaklandığını ortaya çıkardı. Birincisi hem ağırlıkta hem de hafiflikte ortak özellik olan cismiyet yani cisim olma hâliydi. İkincisi ise birinin ağır, ötekinin hafif olmasını sağlayan ve cisim olma hâliyle ilişkili olan ayırıcı durumdu. İşte birini yukarıya, ötekini aşağıya hareket ettiren de bu özellikti.

Aynı yaklaşımla canlı cansız tüm cisimleri inceledi. Her bir cismin, cisim olma hâlinin yanında bir veya birden çok faktörü barındırdığını gözlemledi. Böylece cisimlerin birbirlerinden farklı suretlerini yani formlarını keşfetti. Ruhani âlemden gördüğü ilk şeydi bu. Zira suretler yani formlar duyularla değil ancak akıl yürütmekle idrak edilebilirdi. Bunları düşünürken, daha önce bahsedildiği gibi, kalbi mesken tutan o dirimsel ruhun da his, algı ve hareket gibi pek çok muazzam işlevleri yerine getirebilmesi için cisim olma hâlinin yanında artı bir faktörü barındırması gerektiğini düşündü. İşte bu, dirimsel ruhu diğer cisimlerden ayıran formdu. Tam da akıl ehlinin "hayvani nefis" dediği şeye tekabül ediyordu.

Aynı durum, bitkiler için de geçerliydi. Onlarda da hayvanlardaki doğal beden sıcaklığını andıran ayırıcı bir özellik vardı ki akıl ehli bunu, "nebati nefis" diye adlandırıyordu. Dahası, oluş ve bozuluş evreninde –hayvan ve bitkilerden başka– cansız cisimlerin de her birinin, çeşitli hareket ve duyuş tarzlarında olduğu gibi, kendilerine has nitelikleri vardı. İşte, her birini diğerinden ayıran bu niteliğe akıl ehli "fıtrat" diyordu.

Hayy, büyük bir coşkuyla iz sürdüğü "hayvani ruh"un özünde, bir cismani bir de cismani olmayan iki boyuttan oluştuğunu, cismiyetin bütün cisimlerde ortak olduğunu, fakat cismani olmayan boyutun yalnızca söz konusu ruha has olduğunu anlayınca, onun nazarında cismani boyut değerini yitirdi. Bundan dolayı birinci boyutu bir kenara bırakıp zihnini "nefis" [kendilik] denilen ikinci boyuta odakladı.

Şimdi tek arzusu, nefsin mahiyetini derinlemesine kavramaktı. Bunun için de öncelikle cisimleri, cisim olma özellikleriyle değil onları birbirinden ayıran formlayıyla tanımlamaya çalıştı. Pek çok cismi bu bakımdan inceledikten sonra, cisimlerin büyük bir çoğunluğunun herhangi bir fiili ya da fiilleri üreten belli bir forma sahip olduklarını gözlemledi. Ancak bazı cisimler, sahip oldukları bu formla birlikte farklı işlevler de yerine getirebilmesini sağlayan başka bir form daha taşıyordu. Dahası, bu iki formun yanı sıra başka özel işlevler üstlenen üçüncü bir formu olan cisimler de vardı. Örneğin toprak, taş, maden, bitki, hayvan ve ağırlığı olan diğer yer cisimleri, herhangi bir engele takılmadıkları takdirde aşağı düşmelerini sağlayan ortak bir forma sahipti. Bunları zor kullanarak yukarıya doğru hareket ettirip bırakırsanız, formlarından dolayı yeniden aşağıya düşüyorlardı. Bitkiler ve hayvanlar da aşağıya düşme eğilimleri bakımından diğer cisimlerle özdeş olmalarına rağmen beslenme ve büyümelerine kaynaklık eden başka bir forma daha sahiplerdi. Beslenme, öznenin kendi şahsiyetini ve varlığını korumak için kendine benzer maddeleri sindirerek ve bunu kendi cevherine dönüştürerek ikame ettiği bir değiş tokuştu. Büyüme ise cismin uzunluk, genişlik ve derinlik boyutlarında, doğal bir orantıyla besin vasıtasıyla kazandığı bir hareketti. Böylece beslenme ve büyüme hem bitkilerde hem de hayvanlarda görülen ortak eylemlerdi ve bu eylemler "nebati nefis" adı verilen ortak bir formdan meydana geliyor olmalıydı. Cisimlerin arasında "hayvan" diye adlandırdığı bir alt grup daha vardı ki, birinci ve ikinci formdaki bütün cisimlerle özdeş olmakla birlikte, nesneleri algılama ve bir yerden bir yere hareket etme imkânı veren üçüncü bir form daha taşıyordu.

Dahası Hayy, her bir hayvan türünün kendine has ayırıcı özelliklere sahip olduğunu da gözlemledi. Bu özellikler, türün kendine özgü formundan kaynaklanıyordu ve diğer hayvanlarla paylaştığı ortak özelliklere eklemlenmişti. Aynı durum, bitki türleri için de geçerliydi. Öyle anlaşılıyordu ki, oluş ve bozuluş evreninde bazı somut cisimler, cismiyet dışında pek çok özelliğe sahipken bazıları da daha az özellik barındırmaktaydı. Doğal olarak, basit olanı kavramak karmaşık olanı kavramaktan daha kolaydı. Bu nedenle Hayy, dikkatini daha az bileşenli basit cisimlere yöneltti. Hayvan ve bitkilerin eylemlerindeki karmaşıklığı göz önünde bulundurarak formları hakkında akıl yürütmeyi erteledi. Aynı şekilde yeryüzünün bazı parçalarının, diğer parçalarına göre daha basit olduğunu düşünerek ulaşabildiği en basit parçalara yöneldi. Formunda az sayıda hareket barındıran su da basit bir nesne sayılıyordu. Aynı durum ateş ve hava için de geçerliydi.

Hayy önceleri dört elementin yani ateş, su, toprak ve havanın birbirine dönüştüğünü zannediyordu. Bu dört unsurun, cismiyet bakımından birbirine benzediğini, fakat yalnızca her birinin diğerinden farklılıklar gösterdiğini düşünüyordu. Aksi hâlde aşağı ya da yukarı hareket etmeleri; sıcak ya da soğuk, nemli ya da kuru olmaları mümkün olmazdı. Bu nitelikler bir cisimde aynı anda bulunamayacağına göre, cisim sırf cisim olduğu için böyle olamazdı. O hâlde eğer bir cisim, cismiyetin yanı sıra herhangi bir forma sahip olmadan da mevcut olabiliyorsa, çeşitli formlar taşıyan bütün cisimleri kapsamadıkça herhangi bir niteliğe sahip olduğu da söylenemezdi.

Acaba canlı cansız bütün cisimler için geçerli olabilecek tek bir nitelik var mıydı? Bütün nesnelerde bulabildiği tek karakteristik özellik, nesnelerin uzamıydı *[el-imtidâd]*. Bu da uzunluk, genişlik ve derinlik olmak üzere üç boyutta somutlaşıyordu. Anladı ki cismin bu özelliği, onun cisim olma niteliğinden kaynaklanıyordu. Fakat söz konusu uzamı aşan ve formlardan soyutlanmış nitelikler olmadıkça cismin algılanamayacağına hükmetti.

Sonra üç boyut hâlindeki uzamı düşündü. Cisim bizzat bu uzamdan mı ibaretti yoksa başka bir şey daha mı söz konusuydu? Sonuçta fark etti ki ne uzam tek başına var olabiliyordu ne de madde uzam olmadan varlık kazanabiliyordu.

Hayy, bu fikrini çamur gibi herhangi bir forma girebilen cisimlere uyguladı. Çamur örneğin küre şeklini aldığında belli bir oranda uzunluğu, genişliği ve derinliği oluyordu. Küre şeklindeki bu çamura küp ya da yumurta şekli verildiğinde ise önceki uzunluk, genişlik ve derinlik farklı oranlarda değişiyordu. Çamur aynı çamurdu ama değişen oranlarda uzunluğu, genişliği ve derinliği oluyordu. Bu boyutlar olmadan çamur da olamayacağına göre demek ki uzam, cismin gerçekliğinin ayrılmaz bir parçasıydı.

Bu noktadan hareketle, salt bir cisim olarak cismin aslında iki faktörden meydana geldiğini anladı Hayy: Birincisi, örnekteki gibi küre ya da küp şekli verilen çamurdu. İkincisi ise küre, küp ya da başka bir şeklin biçimlendiği uzunluk, genişlik ve derinlikti. Cisim, ancak bu iki faktör bir araya geldiğinde cisim oluyordu ve biri olmadan öteki olamıyordu. Bir cismin farklı boyutları yani uzamı, değişkendi. Fakat çamur örneğinde olduğu gibi, form özelliğine

sahip her cismin sahip olduğu cismiyet hep sabit kalıyordu. Örnekteki çamur konumundaki nesneye, filozoflar "madde" veya "heyula" adını verirler ve bu nesne hiçbir form taşımaz.

Akıl yürütmede bu düzeye yükselen Hayy bin Yakzan, duyu dünyasından biraz uzaklaşıp da zihin dünyasının sınırlarına yaklaşınca, kendini yalnız ve yabancı hissetti. Duyu dünyasında alışık olduğu hayata dönmeyi ne çok istiyordu şimdi. Kendini biraz geriye çekti ve cisimler üzerinde düşünmeyi tamamen bıraktı. Zira ulaşmak istediği noktaya duyularla ulaşamazdı. Bu nedenle daha önce gözlemlediği dört unsurdan, en basit olanına, hissedilebilir olana odaklandı.

Önce suyu inceledi. Formunun gerektirdiği şekilde, kendi hâline bırakıldığında su, hissedilebilir bir soğukluğa ulaşıyor ve aşağıya akmak istiyordu. Aynı su, ateşle ya da güneş ışığıyla ısıtıldığında soğukluğu gidiyor ancak aşağıya akma isteği aynı kalıyordu. Buna karşılık çok fazla ısıtıldığında da aşağıya akma isteği yok oluyor ancak bu defa da yukarı çıkma isteği doğuyordu. Sudan ve suyun formundan kaynaklanan bu iki özellik (soğuk olma ve aşağıya akma), tamamen yok oluyordu. Dahası, suyun formuna ilişkin bu iki eylemden başka bir eylem de bilmiyordu. O hâlde bu iki eylemin ortadan kalkması, formun hükmünün ortadan kalkması anlamına geliyordu. Diğer bir ifadeyle, başka bir formdan kaynaklanabilecek herhangi bir eylem ortaya çıkınca cismin su formu yok oluyordu. Bu durumda cismin, daha önce sahip olmadığı yeni bir form ve buna bağlı olarak ilk formdan kaynaklanmayan yeni eylemler meydana geliyordu.

Hayy, kaçınılmaz bir şekilde vuku bulan her "hâdis"in [hadisenin, olayın] bir "muhdis"i [faili, nedeni] olması gerektiğini anladı. Her formun, bir failinin olduğu gerçeği ayrıntılı olmasa da genel hatlarıyla zihninde belirginleşmişti.

Daha sonra, önceden bildiği formları tek tek gözlemledi. Bunların her birinin birer "hadise" olduğunu ve her hadisenin de bir failinin olması gerektiği sonucuna vardı. Formlara yatkın cisimleri inceledi. Bunların, kendilerine özgü eyleme yatkın olmaları dışında bir şey gözlemleyemedi. Sözgelimi, su aşırı ısıtıldığında yukarıya hareket etmeye hazır ve elverişli hâle geliyordu. İşte bu temayül, cismin formundan başka bir şey değildi. Çünkü önünde bir cisim vardı. Bu cismin, nitelik ve hareket gibi sonradan kazandığı hissedilebilir özellikleri ve bahsedilen özellikleri var eden bir faili söz konusuydu. Cismin kimi hareketlere elverişli olup kimi hareketlere elverişli olmaması, formunun bu hareketlere elverişli olup olmamasıyla ilgiliydi. Yaptığı genelleme, bütün formlar için geçerliliğini koruyordu. Sonuçta, formlardan doğan fiillerin, gerçekte formların kendisi tarafından değil bir fail tarafından gerçekleştirildiğini kavradı. Aslında kavradığı şey, Resulullah'ın –Allah'ın selamı üzerine olsun– Yaradan'ın ağzından naklettiği şu sözüydü: *"Ben kulumun işittiği kulağı ve gördüğü gözü olurum."* Ve Sarsılmaz Vahyin şu sözüydü: *"Ve bilin ki ey müminler, savaşta zafer kazanan siz değildiniz, Allah'tı onu size bahşeden. Düşmanın yüreğine korkuyu fırlatan da siz değildiniz, Allah'tı onu fırlatan."*[11]

---

11 Enfal Suresi 17. ayet. (ç.n.)

Hayy bin Yakzan, ayrıntılı olmasa da genel karakteriyle söz konusu faili fark ettiğinde onu daha fazla tanımak arzusuyla içinde yoğun bir coşku duydu. Henüz duyular dünyasını terk etmemişti. Bu faili, duyular yoluyla keşfetmek için yola koyuldu. Ancak onun, bir mi çok mu olduğunu bilmiyordu.

Daha önce de üzerinde kafa yorduğu etrafındaki cisimleri yeniden incelemeye başladı. Tüm cisimler bir taraftan oluşurken bir taraftan da bozuluyordu. Bütünüyle bozulmayan şey de parça parça bozulmaya mahkûmdu. Örneğin su ve toprak, parça hâlinde ateşle bozuluyordu. Hava, şiddetli soğukla birlikte bozuluyor, kara dönüşüyordu. Kar da sonradan su olup akıyordu. Etrafındaki hiçbir cisim, bir fiile ve bu fiili harekete geçiren bir fail ile ihtiyaç duymadan yapamıyordu. Bütün bunları gören Hayy, duyular dünyasına sırtını döndü ve zihnini göksel cisimlere çevirdi. O sırada, dördüncü yedisindeydi, yani yirmi sekiz yaşındaydı.

5

DÜNYADAN YARATICIYA VE TEKRAR DÜNYAYA

Hayy bin Yakzan, göğün ve gökteki yıldızların birer cisim olduklarını öğrendi. Bütün gök cisimleri boy, en ve derinlik olmak üzere üç boyuttan oluşan bir uzama sahipti. Uzam, hepsinde ortak nitelikti ve bu niteliği taşıyan her şey cisimdi. Öyleyse bunlar da birer cisimdi. Sonra sorgulamaya devam etti: Bu cisimlerin üç boyutlu uzamı sonlu muydu yoksa sonsuz mu? Yahut bir noktaya kadar uzamsal niteliklere sahip olup bu noktadan itibaren uzamsal niteliklerini kayıp mı ediyorlardı? Bir süre şaşkınlık içinde kaldı. Fakat sağlam düşünme becerisi ve güçlü zekâsı sayesinde bir cismin sonsuz olmasının, herhangi bir temelden ve mantıktan yoksun olacak derecede imkânsız olduğu sonucuna vardı. Bu sonucu, akıl yürütmeleri sonucunda bulduğu birçok kanıtla da destekledi.

Şöyle diyordu kendi kendine: Duyularım, önümdeki istikamette bulunan gök cisimlerinin kesinlikle sonlu olduğunu söylüyor. Çünkü bizzat gözlerimle bunun böyle olduğunu idrak edebiliyorum. Aynı durum, onların tersi istikametleri için de geçerli olur mu diye sorguladığımda içimi şüpheler kemiriyor. Fakat biliyorum ki göğün tersi istikametinin sonsuz olması da imkânsızdır. Sonlu olduğunu bildiğim yerden başlayan iki çizgi hayal edeyim. Bu iki çizgi, gök cisminin uzamından geçerek sonsuzluğa doğru yönelsin. Sonra çizgilerden birinin sonlu tarafından büyük bir parça kesip, öbür çizginin sonsuz olarak düşünülen ucuna iliştirdiğimi varsayayım. Bu durumda iki varsayım söz konusu olur: Birincisinde, iki çizgi de birbirinden hiçbir eksiği olmaksızın sonsuzluğa doğru uzanmış olur. Bu ise kendisinden bir parça kesilen çizgi ile hiçbir müdahalede bulunulmayan diğer çizginin eşit olması demektir. Oysa bütün ile parçanın eşit olması, akıl dışıdır. İkincisinde ise eksik çizgi, yalnızca kendi uzamıyla sınırlı kalır ki sonlu olduğu anlamına gelir. Dahası kestiğimi varsaydığım parçasını kendisine yeniden iliştirsem, sonlu olmaktan yine kurtulamaz ve hiçbir parçanın kesilmediği diğer çizgiden herhangi bir eksiği ya da fazlası olmaksızın sonlu olmaya devam eder. O hâlde, bu çizgilerin varsayıldığı her cisim sonlu olur. Demek ki cisimlerin sonsuz olduğu varsayımı, yanlış ve temelsizdir.

Hayy bin Yakzan, müstesna aklıyla gök cisimlerinin sonlu olduğunu ispatladıktan sonra gök cisimlerinin ne şekilde olduklarını ve hangi sınırlara sahip olduklarını merak etti. Önce güneşe, aya ve diğer yıldızlara baktı. Hepsi doğudan doğuyordu ve batıdan batıyordu. Başucu noktasından geçen gök cisimleri büyük bir daire çizerken başucu noktasının kuzeyinde ya da güneyinde yer alan cisimler ise küçük daireler şeklinde görünüyordu. Başucu noktasının kuzeyinde ya da güneyinde yer alan uzaktaki bir gök cisminin çizdiği daire, yakındaki bir gök cisminin çizdiği daireden daha küçüktü. Öyle ki en uzakta, yıldızların ekseninde hareket ettiği en küçük iki daire vardı:

Biri Kuzey kutbu çevresindeki Süheyl,[12] öteki ise güney kutbu çevresindeki Ferkadeyn'di.[13]

Başlangıçta da bahsettiğimiz gibi Hayy bin Yakzan'ın mesken tuttuğu ada, Ekvator üzerinde yer aldığı için bütün bu daireler ufuk hizasında duruyordu. Güneydeki ve kuzeydeki dairelerin durumları da birbirine benziyordu. Dahası her iki kutup da aynı anda görünebilir durumdaydı. Büyük eksendeki bir yıldız ile küçük eksendeki bir yıldız birlikte doğuyor, birlikte batıyordu. Bu durum, bütün zamanlarda bütün yıldızlar için geçerliydi. Sonunda gök kubbenin küre şeklinde olduğunu fark etti. Güneş, ay ve diğer yıldızlar batıda battıktan sonra doğuda yeniden doğuyorlardı. Doğduklarında, göğün ortasına geldiklerinde ve battıklarında hep aynı büyüklükteydiler. Hareketleri küre şeklinde olmasa, kimi zaman yakın kimi zaman uzak görüneceklerinden, miktarları ve büyüklükleri farklı olurdu. Cisimler merkeze yakınken daha yakın, merkezden uzakken daha uzak görünürdü. Böyle bir şey söz konusu olmayınca gök kubbenin kesinlikle küre şeklinde olduğuna ikna oldu.

Ayın hareketlerini gözlemledi. Batıdan doğuya doğru hareket ediyordu. Gezegenler de bu şekildeydi. Nihayet gökbilim konusunda geniş bilgiye sahip olunca ona öyle geldi ki yıldızlar ve gezegenler âleminin hareketleri, pek çok küreden oluşuyordu. Bu küreler de üst konumdaki büyük bir kürenin dâhilindeydi. İşte gece gündüz, küreleri doğudan batıya hareket ettiren de bu büyük küreydi. Bu teoreme ulaşmak için hangi aşamalardan geçtiğini uzun

---

12 Canopus. (ç.n.)
13 Küçükayı takımının iki yıldızı. (ç.n.)

konuyu anlatmak risalemizin hacmini büyüteceği için bu kadarıyla yetiniyorum. Ayrıntılı bilgilere, astronomi kitaplarından ulaşılabilir.

Bu noktaya ulaşan Hayy, gök kubbe ile içindeki gök cisimlerinin, birbiriyle ilişkili bir bütün olduğunu anladı. Toprak, su, hava, bitki ve hayvan gibi ilk başta incelediği tüm varlıkların bu bütünün birer parçası olduğunu ve onun dışında kalamayacağını kavradı. Gök kubbeyi bir hayvana benzetti. Işık veren yıldızlar onun duyu organlarıydı. Kubbenin içindeki birbiriyle ilişkili gök cisimleri, bu hayvanın organlarıydı. İçindeki oluş ve bozuluş dünyası, hayvanın karın boşluğunda bulunan türlü türlü artık maddeler ve sıvılardı. Büyük âlem nasıl oluşuyorsa hayvan da çoğunlukla öyle oluşuyordu.

Oluş ve bozuluş âlemindeki cisimlerin tekliğine ulaştığı benzer bir akıl yürütme yöntemiyle, evrenin gerçekte pek çok parçadan oluşan ve bütün fiillerin yaratıcısı olan bir faile muhtaç tek bir varlık olduğunu fark edince bir bütün olarak âlem üzerine yoğunlaştı. Acaba bu âlem tamamen yoktan var edilen bir şey miydi yoksa hiçbir zaman yokluğa maruz kalmamış mıydı? Buna verecek bir cevabı olmadığı için evrenin bir başlangıcının olup olmadığı hakkında kesin bir yargıya varamadı.

Evrenin bir başlangıcının olmadığını farz etse karşısında birçok engel buluyordu: Nasıl ki bir cisim sonsuz var olamadıysa evren de sonsuz var olamayabilirdi. Öte yandan söz konusu varlık, daima olaylara maruz kaldığından olaylardan önce var olması mümkün olamazdı. Olaylardan önce mevcudiyeti imkânsız olan şey, "muhdes" yani sonradan var olan şey anlamına geliyordu.

Evrenin, zaman içinde "hâdis" yani bir başlangıcının olduğunu farz etse, yine pek çok engelle karşı karşıya kalıyordu: Daha önce var olmayan evrenin var olması, zamanın evrenden önce var olduğu anlamına geliyordu. Oysa zaman, hiçbir surette evrenden ayrılamazdı. Öyleyse evrenin zamandan sonra mevcut olması da düşünülemezdi. Ve şöyle diyordu: Mevcut bir evren varsa mutlaka onu var eden biri de olmalı. O hâlde evreni var eden, neden onu daha önceki zamanlarda değil de şimdi var etti? Kendisinden başka bir varlık olmadığı hâlde dışarıdan bir güç mü zorladı buna onu? Yoksa kendi zatında mı bir değişiklik meydana geldi? Bir değişiklik olduysa şayet, bu değişiklik nedir?

Birkaç sene de bu meseleler üzerinde kafa yordu. Kanıtlar kafasında birbiriyle çatışıyor, hangi tarafa meyledeceğine bir türlü karar veremiyordu. İflahı kesilince, her iki kanaatin de gerektirdiği sonuçları merak etti. Belki ikisi de aynı kapıya çıkıyordu. Şöyle düşündü: Diyelim ki evren, yokluktan varlık düzlemine sonradan çıkarıldı, pekâlâ, ama kendi kendine var olmuş olamaz ki. Onu varlık düzlemine çıkaran bir fail olmalıdır. Dahası bu fail, duyu organlarıyla algılanıyor olmamalıdır. Duyu organlarıyla algılanırsa cisimleşir. Failin cisimleşmesi, evrenin bir parçası hâline gelmesine ve onun bir var edene muhtaç bir varlığa dönüşmesi anlamına gelir. İkinci var eden de cisimleşirse üçüncü bir faile, üçüncü fail de dördüncüsüne ihtiyaç duyar. Böyle bir mantıkla zorunluluk zinciri, saçma bir şekilde sonsuza kadar sürüp gider. Öyleyse evrenin, cisim olmayan bir faili olmalıdır.

bu fail, cisim değilse duyu organlarıyla algılanamaz. Zira beş duyu, yalnızca cisimleri ya da cisimlere bağlı nesneleri idrak edebilir. Duyularla algılanamayan, tahayyülle de algılanamaz. Tahayyül ise cisimlerin, hazırda olmayan imgelerinin temsil edilmesinden başka bir şey değildir. Bir şey cisim değilse cismiyetin hiçbir niteliğini de taşıyamaz. Cisimlerin ilk nitelikleri uzunluk, genişlik ve derinlik olmak üzere uzamlarıdır. Buna göre fail, uzamdan ve ona bağlı her türlü nitelikten uzak olmak zorundadır. Hele evreni var eden bir failse, kaçınılmaz olarak kudreti ve bilgisi her şeyi kuşatmalıdır. *"Hiç bilmez mi yaratan? Lütuf sahibi ve her şeyden haberdar olan."*[14]

Sonra şöyle düşündü: Diyelim ki evren, hiçbir yokluğa maruz kalmaksızın şimdi nasılsa ezelden beri de öyledir. Bu durumda hareketinin de zorunlu olarak ezeli sonsuzlukta olması ve öncesinde herhangi bir hareketsizliğin olmaması gerekir. Bu ise her bir hareket için zorunlu olarak hareket ettiren birinin olmasını gerektirir. Hareket ettirenin gücü, cismin bünyesinde dağılmış olsa da olmasa da, hareket eden cismin kendisinden ya da kendisi dışında bir cisimden kaynaklandığı anlamına gelir. Bir cismin bünyesinde dağılan her güç, cismin parçalanmasıyla parçalanır ve onun artmasıyla da artar. Örneğin aşağıya yuvarlatılan ağır bir taş ikiye bölünürse ağırlığı da ikiye bölünür. Taşa aynı ağırlıkta bir taş daha eklenirse bu defa ağırlığı artar. Bu taşa sonsuz sayıda taş eklenirse sonsuz miktarda ağırlıkta olur. Taş belli bir hacme ulaştıktan sonra artmayı kabul etmezse taşın ağırlığı da o seviyede kalır. Her cisim kaçınılmaz olarak sonlu olduğuna göre cismin bünyesindeki

---

14 Mülk Suresi, 14. (ç.n.)

güç de kaçınılmaz olarak sonlu olur. Sonsuz bir fiili yapan güç, cismin bünyesinde olmayan bir güçtür. Daha önce evreni, sonsuz hareket hâlinde kabul etmiştim. Zira onun, başlangıcı olmayan kadim bir varlık olduğunu varsaymıştım. O hâlde evreni hareket ettiren güç, ne evrenin ne de onun dışındaki bir cismin bünyesinde olan, cismiyetten bağımsız ve hiçbir cismiyet niteliği taşımayan bir güç olmalıdır.

Hayy bin Yakzan'a, başlangıçta, oluş ve bozuluş evreninde her bir cismin var oluş gerçeğinin, çeşitli hareketlere elverişli olan formuna bağlı olduğu, madde bakımından var oluşunun ise fark edilemeyecek kadar zayıf bir var oluş olduğu tecelli etmişti. Buna göre bütün evrenin var oluşu, maddeden ve cismiyet özelliklerinden arınmış, idrak edilebilecek tüm algıların ve ulaşılabilecek tüm hayallerin ötesinde olan yüce bir Hareket Ettiren'in hareket ettirme kapasitesine bağlı olmalıydı. Farklı türlerine rağmen bıkıp usanmak nedir bilmeden bütün göklerin hareketinin faili olan bu Hareket Ettiren'in, doğal olarak bunları bilecek ve yapacak kudrete sahip olması beklenir.

Hayy bin Yakzan, her iki durumda da aynı sonuca ulaştı. Ne evrenin ezelden beri var olup olmadığına ne de sonradan yaratıldığına dair soruları, bu sonucu değiştirmedi. Her iki durumda da bir Fail'in varlığını ispatlamış oldu. Bu Fail ne bir cisimdi ne de bir cisimle ilişkiliydi. Ne cismin içinde ne de dışında yer alıyordu. Zira ilişkili olma ya da olmama, içeride ya da dışarıda bulunma cisimlerin özelliklerindendi ve Fail bunlardan münezzehti.

Öte yandan her cismin maddesi formunu gerektiriyordu. Çünkü form olmadan madde ne var olabiliyor ne de gerçeklik kazanabiliyordu. Formun varlığı ise eylemle-

olan Fail'in fiillerinde somutlaşıyordu. Hayy bunları düşününce bütün varlıkların var oluşlarında söz konusu Fail'e ihtiyaç duyduğunu fark etti. Fail var olmadan hiçbir şey var olamıyordu. O hâlde Fail, bütün varlıkların "illet"i yani sebebiydi ve her şey onun "ma'lûl"üydü yani etkisi altındaydı. İster yokken sonradan var edilmiş olsun ister zaman içinde başlangıcı olmadan hiçbir yokluğa maruz kalmamış olsun bu durum değişmiyordu. Her iki durumda da varlık, etkiye açıktı ve Fail'e muhtaçtı. Varlığın var oluşu, ona bağlıydı. O devam etmeden varlık da devam edemiyordu. O ezeli olmadan varlık da olamıyordu.

Oysa Fail, kendi zatında ne varlığa muhtaçtı ne de ona bağımlıydı. Onun kudretinin ve gücünün sonsuz olduğu, bütün cisimlerin ve cisimlerle en küçük ilişkisi olan her şeyin sonlu olduğu kanıtlandığına göre başka türlü düşünülebilir miydi? O hâlde bünyesindeki göklerle, yer ve yıldızlarla, bunların arasında, üstünde, altında olan cisimlerle bütün evren, onun fiili ve yaratması dâhilindeydi. Bütün bu varlıklar, zaman bakımından olmasa da mahiyet bakımından ondan sonra geliyordu.

Hayy, içinden şöyle geçirdi: Eline bir cisim alıp onu hareket ettirirsen elin hareketini takip eden cisim de zorunlu olarak hareket eder. Ancak cismin hareketi, elin hareketinden daha geride olur. Başlangıçları aynı dahi olsa taşın hareketinin elin hareketini geriden takip etmesi zamanla değil mahiyetle ilgilidir. O hâlde bütün evren, herhangi bir zamana bağlı olmaksızın Fail'in etkisi ve yaratıcılığı dâhilindedir. *"O, bir şeyin olmasını isterse ona 'ol!' der, oluverir."*[15]

---

15 Yasin Suresi, 82. (ç.n.)

Bütün varlıkların O'nun eseri olduğunu fark eden Hayy bin Yakzan, nesneleri yeni bir gözle görmeye başladı. Her şey Fail'inin kudretini, onun muhteşem sanatını, zarif hikmetini ve dakik bilgisini hayranlıkla ifade ediyordu. Bırakın büyük varlıkları, en küçük varlıklarda dahi hikmet izlerinin ve olağanüstü sanatın olması, ona olan hayranlığını büsbütün artırdı. Bütün bunların ancak ve ancak son derece mükemmel hatta mükemmel ötesi bir failden kaynaklanabileceğinden artık iyice emin oldu. *"Göklerde ve yerde zerre kadar bir şey bile onun bilgisinden gizli kalamaz. Ne bundan daha küçüğü ne de daha büyüğü..."*[16]

Hayy, bu Fail'in her hayvan türünün *"yaratılışına nasıl biçim verip yönlendirdiğini"*[17] düşündü. Hiçbir hayvan, onun yönlendirmesi olmadan organlarını gerektiği gibi kullanamazdı. Aksi takdirde organlar, onun için külfete dönüşürdü. Anladı ki bu Fail'in cömertliği ve rahmeti, bütün cömertlikleri ve rahmetleri kuşatıyordu.

Bundan sonra, ne surette olursa olsun, varlıklarda gördüğü her güzelliğin, zarafetin, iyiliğin, gücün ve faziletin, her fiili yaratmada özgür olan bu Fail'in cömertliğinden ve fiilinden kaynaklandığını anladı. Onun zatındaki nitelikler, nesnelere özgü olanlarla karşılaştırılamayacak kadar daha heybetli, kemale ermiş, güzel, zarif ve devamlıydı. Mükemmellik namına ne kadar nitelik varsa hepsinin izini sürdü. Hepsi de ona dönüyor, ondan doğuyordu. Bu niteliklerle tanımlanmak, en çok ona yakışıyordu.

Hayy, eksiklik namına ne varsa bütün nitelikleri de inceledi. Eksiklik bildiren her türlü nitelik onun zatına ya-

---
16 Sebe Suresi, 3. (ç.n.)
17 Taha Suresi, 50. (ç.n.)

kavrayışının mübâh yakışmadı ki, eksiklik, mutlak hiçlikle ya da onunla ilintili olan şeylerle aynı anlama geliyordu. Ve hiçlik, var olması zorunlu olan [vâcibu'l-vucûd] ve bütün varlıkları var eden Mutlak Varlık'la nasıl ilişkilendirilebilirdi, onunla nasıl karıştırılabilirdi? O olmadan varlık olamazdı: O hem varlık hem kemal hem de kusursuzluktu. Hem güzellik hem zarafet hem kudret hem de bilgiydi. O, yalnızca kendi zatıydı. Çünkü *"Her şey helak olur, yalnız onun yüzüdür [zatıdır] ölümsüz olan."*[18]

Hayy bin Yakzan, beşinci yedi yaşının sonunda bu kavrayış düzeyine ulaştı. Artık otuz beş yaşındaydı. O Fail'e dair kalbine öyle bir hâl yerleşti ki ondan başka hiçbir şey düşünemez oldu. Eskiden olduğu gibi varlıkları inceleme merakını yitirdi. Öyle ki gözü bir nesneye ilişse bu nesnede onun sanatından başka bir şey göremiyordu. Sanat eserini oracıkta bırakıp zihni Sanatkâr'a gidiyordu. Öyle onulmaz bir hasrete tutuldu ki süfli yönüyle öne çıkan duyu dünyasından büsbütün soğuyup ulvi karakterdeki düşünce dünyasına bağlandı.

Varlığı değişmez ve sebepsiz olan, ama bütün varlıkların var oluşlarının sebebi olan o Ulvi Varlık'ı idrak edince, böyle bir farkındalık bilgisini nasıl elde ettiğini, hangi yetenekle ona ulaştığını merak etti. Öncelikle duyularına yani duyma, görme, koklama, tatma ve dokunmaya odaklandı. Duyuları yalnızca cisimleri ya da cisim konumunda olabilecek şeyleri algılayabiliyordu. Zira kulak, sadece cisimler çarpıştığında hava dalgalarından çıkan sesleri algılayabiliyordu. Göz yalnızca renkleri, burun yalnızca kokuları, dil yalnızca tatları, ten ise yalnızca dokuları

---

18 Kasas Suresi, 88. (ç.n.)

yani cisimlerin sert ya da yumuşak, pürüzlü ya da pürüzsüz olup olmadıklarını algılayabiliyordu. Aynı şekilde hayal gücü yalnızca eni, boyu ve derinliği olan şeyleri idrak edebiliyordu. Zira bütün bu uzamsal nitelikler, cisimlere aitti ve duyular bunların ötesinde bir şey algılayamıyordu. Dahası duyular, cisimlere nüfuz eden ve cisimlerin bölünmesiyle bölünen melekelerden ibaretti. Söz konusu meleke, zaten bölünmüş bir şeye nüfuz ettiğinde onun idraki, kaçınılmaz bir şekilde bu bölünmüş şeyle birlikte bölünmeye maruz kalacaktı. O hâlde bir cisimde bulunan her güç, kaçınılmaz olarak yalnızca cisim olanı ya da cisim konumunda bulunanı algılayabilirdi.

6

GERÇEK KENDİLİK

Hayy bin Yakzan, mevcudiyeti zorunlu olan bu Varlık'ın her türlü cismin sıfatlarından münezzeh olduğunu kavradı. Anladı ki bu Varlık ne bir cisimle algılanabilirdi ne de cisme ait bir özellikle. Ne cismin içinde ne cismin dışında var olan bir şeyle idrak edilebilirdi. Ne de cisimle bitişik veya ondan ayrı bir şeyle. Şimdi anlıyordu ki, onu Varlık'a götüren şey, onun kendi zatıydı. Varlık'a ilişkin bilgisi bu kendilik[19] sayesinde sağlamlaşmıştı. Zorunlu Varlık'ı [*Vâcibu'l-vucûd*] idrak ettiği bu kendilik de cismani olamazdı ve cisimlere ait sıfatları taşıyamazdı. O hâlde idrak ettiği bütün harici cisimler, onun gerçek zatı değildi. Onun gerçek zatı, var oluşu bir zorunluluk olan o Mutlak Varlık'ı idrak etmesine aracı olan şeydi.

Hayy bin Yakzan, zatının yani kendiliğinin, derisi tarafından sarmalanan ve duyularla algılanabilen maddi bedenden başka bir şey olduğunu fark edince bedeni onun gözünde değerini büsbütün yitirdi. Kendisini var oluşu zorunlu olan o ulvi Mutlak Varlık'a götüren asıl varlığı, ulvi kendiliği üzerinde düşünmeye başladı. Bu ulvi ken-

---
19 "Kendilik" terimi "zat, öz, ben" anlamlarını barındırır ve İngilizcedeki "self" terimine eşdeğerdir. (ç.n.)

dilik yok olabilen, bozulabilen, çözülebilen bir şey miydi yoksa her daim kalıcı bir şey miydi?

Bir süre sonra bozuluş ve çözülüşün, cisimlerin sıfatlarından olduğunu anladı. Bunlar havaya dönüşen su, suya dönüşen hava, toprağa ya da küle dönüşen bitki, bitkiye dönüşen toprak gibi bir formun elbisesini çıkarıp başka bir formun elbisesini giyiyorlardı. Bozuluş bundan ibaretti. Buna karşılık cisim olmayan ve bünyesi herhangi bir cisme muhtaç olmayan şey, tabii olarak her türlü cisimlikten münezzehti ve bundan dolayı da elbette hiçbir bozulmaya maruz kalamazdı.

Gerçek kendiliğinin bozulamayacağını kavrayan Hayy, söz konusu kendiliğin bedenden ayrılıp çıkması durumunda ne olacağını merak etti. Beden, kendilik için uygun bir araç olmaktan çıkmadıkça, kendiliğin bedeni terk etmeyeceği açıktı.

Hayy bin Yakzan, duyularla algılayabilen tüm melekelerini gözlemledi ve şöyle düşündü: Bunlardan her biri, kimi zaman potansiyel *[bilkuvve]*, kimi zaman da fiilen *[bilfiil]* algılanabiliyor. Örneğin göz kapandığında ya da görmekten men edildiğinde potansiyel olarak görebilir. Çünkü görmek için gerekli bütün donanıma sahiptir. Potansiyel olarak görebilecek olması, şimdi olmasa da gelecek zaman içerisinde görebileceği anlamına gelir. Göz açılıp görebileceği şeylerle karşılaşırsa fiilen de algılamış olur. Gözün fiilen de algılaması, mevcut hâlde görme işlevini yerine getiriyor olduğu anlamına gelir. Aynı şekilde diğer melekeler de kimi zaman potansiyel olarak kimi zaman da fiilen algılama durumunda olur. Şayet bu melekelerden biri daha önce bir şeyi fiilen algılamamışsa, algılama potansiyeli devam ettiği sürece o şeyi algılama isteği duymaz. Zira kör doğan birinin durumunda olduğu gibi henüz o şeyi tanımamıştır. Fakat bir şeyi daha önce fiilen algıladıktan sonra bu algısı potansiyel algıya dönüşürse, potansiyel algı düzeyinde olduğu hâlde o şeyi fiilen algılama arzusu canlı kalır. Zira idrak edilen şeyi tanımış, ona bağlanmış ve alışmıştır. Sonradan gözlerini kaybeden biri, yeniden görme arzusunu durduramaz.

Daha önce idrak edilen şey ne kadar güzel, zarif ve kusursuz olursa hem ona kavuşmanın özlemi hem de onu kaybetmenin acısı o derece derin olur. Bundan dolayıdır ki sonradan görme duyusunu kaybeden birinin acısı, koklama duyusunu kaybedenin acısından daha büyük olur. Zira gözün algıladığı şeyler burnun algıladığı şeylerden daha güzel, daha zarif ve daha kusursuzdur. Sonsuz mükemmeliyete, haddi hesabı olmayan güzelliğe, cemale, zarafete sahip olan ve her varlığa kendi güzelliğinden, cemalinden ve zarafetinden cömertçe bahşeden bir varlığı yitirenin acıları da onulmaz derecede sonsuz olur. Bununla birlikte, kişi söz konusu varlığı devamlı idrak ederse sonsuz bir haz, bitmez tükenmez bir keyif ve nihayetsiz bir neşe içinde olur.

Hayy bin Yakzan, Zorunlu Varlık'ın bütün kusursuzluk sıfatlarıyla tanımlandığını ve her türlü eksiklikten uzak olduğunu daha önce de kavramıştı. Artık iyi biliyordu ki bu Varlık'ı, onun vasıtasıyla idrak ettiği şey yani kendilik ne cisimlere benziyordu ne de cisimler gibi bozulmaya maruz kalıyordu. O hâlde böyle bir idrake hazır bir kendiliği olan kişinin özü onun bedenini terk ettiğinde varlık için üç durumdan biri söz konusu olabilirdi:

Birincisinde, bedenden kalktığı sırra varmadan Zorunlu Varlık'la tanışmadan, onunla temas etmeden, hakkında hiçbir şey duymadan bedenden ayrılan kendilik ne bu Varlık'a özlem duyar ne de onu kaybettiği için acı çeker. Cismani güçler, cismin çalışamaz hâle gelmesiyle birlikte işlevlerini yitirirler ve bu güçlerin gereklerine özlem duymazlar ya da ayrılık acısı çekmezler. İnsan suretinde olsun ya da olmasın bütün konuşamayan hayvanların durumu böyledir.

İkincisinde, bedende kaldığı süre zarfında Zorunlu Varlık'la tanışıp onun kemalinden, azametinden, heybetinden, kudretinden ve cemalinden haberdar olduktan sonra ihtiraslarına uyarak ondan yüz çeviren ve bu hâl üzere hayatını kaybeden kişi, onu müşahede edip görmekten yoksun kalır. Nihayetsiz bir azap ve tükenmek bilmeyen acılar içinde onu görmenin özlemiyle kıvranıp durur. Bu kişi, cismani hayatındaki hazırlığına göre ya uzun bir süre acı çektikten sonra hasretini çektiği varlığa kavuşur ya da sonsuza dek acı içinde kalır.

Üçüncüsünde ise, bedeni terk etmeden önce, Zorunlu Varlık'la tanışıp her şeyini bütünüyle ona adayan, fikrini onun celaline, cemaline, zarafetine vererek ölünceye kadar ondan yüz çevirmeyen kendilik, ona fiilen kavuşup müşahede imkânı bulur. Bu hâldeki bir kendilik bedenden ayrılırsa katışıksız ve berrak bir müşahedeyle Zorunlu Varlık'ı gördüğü için sonsuz bir haz, devamlı bir neşe ve mutluluk içinde kalır. Dahası cismani melekelerin gerektirdiği acı, kötülük, engel gibi hissî şeylerden uzak olur.

Hayy bin Yakzan'ın açık seçik kavrayışına göre kendiliğin tekâmüle ve hazza ermesi, göz açıp kapama süresince de olsa Zorunlu Varlık'ı devamlı ve fiilen müşahede etmesiyle mümkündü. Bu fiilî müşahede ortamında ölüme yakalanması durumunda kişinin hazzı herhangi bir eziyetle kesintiye uğramadan sürüp giderdi. Nitekim Sufilerin piri ve öncüsü Cüneyd, ölüm döşeğindeyken dostlarına "Vakit istifade vaktidir." demiş, tekbir getirerek namaza durmuştu.

Hayy, Mutlak Varlık'ı fiilen müşahede etmenin kesintiye uğramaksızın nasıl devam edebileceği üzerinde düşündü. Bütün günü o Varlık'ı düşünmekle geçiyordu. Fakat kimi zaman herhangi bir nesne gözüne çarptığında, kimi hayvan sesleri kulağına nüfuz ettiğinde, kimi hayaller zihnini işgal ettiğinde ya da bedeninin herhangi bir organı acıdığında, acıktığında ya da susadığında, sıcak ya da soğuk olduğunda yahut hacetini gidermek istediğinde zihni karışıyor, dikkati dağılıyor ve yeniden eski hâline gelmesi için ciddi bir çaba göstermesi gerekiyordu. Bu zihin dağınıklığı hâlindeyken ölmekten ve O'nunla müşahede bağını kesmenin sonsuz mutsuzluğunu ve acısını yaşamaktan korkuyordu. Bu düşüncelerle durumu fenalaştı ve derdine nasıl derman bulacağını bilemedi.

Belki hayvanlardan öğreneceğim bir şey vardır diye düşünerek hayvan türlerinin eylem ve davranışlarını izlemeye koyuldu. Ancak incelediği bütün türlerin yegâne meşguliyetleri yiyecek, içecek ve cinsel ihtiyaçlarını gidermek, serinlenecek bir gölge veya sıcak bir yuva bulmaktı. Vakitleri dolup da ölünceye kadar bütün zamanlarını böyle geçiriyorlardı. Hayvan türleri içinde bu yoldan sapan tek bir hayvan dahi yoktu. Açıktı ki hayvan türleri, Mutlak Varlık'ı algılamıyordu. Ne ona aşinaydı ne de özlem duyuyordu. Hangi ile yokluğa ya da yokluğa benzeyen bir duruma mahkûmdu.

Hayvanlara dair ulaştığı bu hükümlerin bitkiler için de pekâlâ geçerli olacağını düşündü. Zira bitkilerin idrak melekeleri, hayvanlara nazaran daha az gelişmişti. Hayvanlar bile O'nu müşahede edemiyorsa daha az gelişmiş olan bitkilerin müşahede edememesi doğaldı. Zira bitkilerin eylemleri, beslenme ve büyüme ile sınırlıydı.

Sonra gökleri ve yıldızları incelemeye koyuldu. Düzenli ve ahenkli bir şekilde hareket ediyorlardı. Saydamdılar ve ışık saçıyorlardı. Herhangi bir başkalaşma ve bozulmaya da uğramıyorlardı. Bunların cisimleri dışında Zorunlu Varlık'ı idrak edebilen kendiliklere sahip olduğuna dair güçlü bir sezgi belirdi içinde. Şöyle düşündü: "Zorunlu Varlık'ı bilen kendiliğim, nasıl bir cisim değilse, gökler ve yıldızlar da O'nu bilen kendilikleri ile birer cisim yahut cisme nüfuz eden şeyler olamaz. Benim gibi zayıf ve bedeni fani biri, Mutlak Varlık'ın idrakine muhtaçken cisimlikten uzak bu varlıkların muhtaç olmaması mümkün mü? Benim kusurlarım var ama bunlar bile kendiliğimin cisimler ötesi olmasından dolayı bozulmadan ebedi kalmasına engel değil." Böyle düşününce, gök cisimlerinin bu niteliğe daha fazla layık olduğunu anladı. Onlar da Zorunlu Varlık'ı biliyor ve O'nu fiilen müşahede ediyorlardı. Şu farkla ki gök cisimleri, Hayy'ın karşılaştığı türden müşahede engelleriyle karşılaşmıyorlardı. "Neden bütün hayvan türleri arasında bir tek benim kendiliğim, göksel varlıklarınkine benziyor?" diye sordu kendi kendine. Daha önceki gözlemlerinde, elementlerin birbirine dönüşmesinden yola çıkarak yeryüzünde hiçbir şeyin kendi

formunda kalmadığını, sürekli oluş ve bozuluşa maruz kaldığını bulmuştu. Cisimlerin çoğu, birbirine zıt şeylerin bileşiminden oluştuğu için bozuluşa meyilliydi. Katışıksız bir cisim yoktu. Altın ve yakut gibi katışıksızlığa en yakın olanlar bozulmaktan çok uzaktı. Gök cisimleri de basit ve katışıksızdı. Bu yüzden bozulmaktan uzaktılar ve formdan forma girmiyorlardı.

Gözlemlerine göre oluş ve bozuluş evreninde iki tür cisim vardı: Cisimlik kavramına eklenmiş tek bir formdan oluşan cisimler vardı ki bunlar dört temel elementti.[20] Bir de hayvan ve bitki gibi birden fazla formdan oluşan cisimler vardı. Cisimlerin cevheri ne kadar az formdan oluşursa eylemleri de o kadar az ve hayatla mesafeleri de o derece uzaktı. Formlar ait oldukları maddeden ayrılamaz türden ise hayat son derece belirgin, devamlı ve güçlü seviyedeydi.

Hiçbir formu olmayan şey, heyula yani maddeydi ki hayata dair bir şey taşımıyordu ve bu yüzden de yok hükmündeydi. Dört elementin yalnız bir formdan oluşması, oluş ve bozuluş evreninde varlığın en alt seviyesini oluşturuyordu. Birden çok forma sahip nesneler, söz konusu elementlerin bileşiminden meydana geliyordu. Bu dört elementin bünyesindeki hayat çok zayıftı. Zira her birinin tek bir hareket imkânı vardı. Dahası her birinin doğası neyi gerektiriyorsa onun tersine işleyen ve karşısındaki formu değiştirmeye odaklanan bir zıddı vardı. Bundan dolayı var oluşu kırılgan, hayatı zayıf ve nahifti. Hayat, elementlerdekine kıyasla bitkilerde daha dirençli, hayvanlarda ise daha belirgindi.

---

20 Arapça metinde element için Yunanca στοῖχος (stohos) kelimesinden hareketle "ustukuss" terimi kullanılmıştır. (ç.n.)

Hayy, buna şöyle bir açıklama getirdi: Birden çok elementten oluşan bileşimlerin bir kısmında, elementlerin arasından yalnız bir tanesinin mizacı egemendir. Bu elementin bileşimi bünyesindeki gücü diğer elementleri baskılar ve onların kapasitelerini sekteye uğratır. Böylece çoklu bileşim, ona baskın gelen tek bir element gibi işlev görür ve tek bir elementin payına düşen kadar hayattan pay alır.

Buna karşılık tek bir elementin mizacının baskın gelmediği bileşimlerde elementler, birbirine eşit veya eşdeğer düzeyde olur. Bu tür bileşimlerde, elementlerin birbirini ortadan kaldırma kapasiteleri de birbirine denktir. Dahası her bir elementin birbiriyle etkileşimi de eşittir. Böylelikle hiçbir element, öteki elementin fiilini perdeleyip baskılamaz ve onunla ciddi bir benzerlik oluşturmaz. Bu şekilde, formunun zıddı olmadığı için de hayattan daha fazla nasiplenir. Denge ne kadar güçlü olursa bileşim de o derece sapmalardan ve zıtlıklardan uzak kalır ve tükenmez bir hayatla bütünleşir.

Kalbi mesken edinen hayvani ruh, toprak ve sudan daha hafif, ancak ateş ve havadan daha yoğun olduğu için son derece dengelidir. Ana elementlerden hiçbiriyle açıkça tezat oluşturmadığı için de hayvanilik formuna yatkındır. Hayy bu fikirlerden yola çıkarak oluş ve bozuluş dünyasında kusursuz hayata en çok yatkın olması gereken ruhların, dengeli hayvani ruhlar olması gerektiğine kanaat getirdi. Denebilirdi ki söz konusu ruhlar, kendi formlarıyla tezat oluşturmuyordu ve bu açıdan formlarının zıtları bulunmayan gök cisimlerine benziyordu. Böyle bir hayvani ruh, ana elementler arasında merkezi bir konumda olduğu için yukarıya ya da aşağıya hareket edemez. Dahası onu bir ateşin tabandaki merkezi ile alevlerin bozulmadan ulaşabildiği en yüksek noktaya yerleştirmek mümkün olsa idi orada sabit kalır, yukarı çıkmaya ya da aşağı inmeye meyletmezdi. Boşlukta hareket etse gök cisimlerinin yaptığı gibi merkezi bir nokta etrafında hareket eder. Kendi yerinde hareket etse kendi ekseni etrafında döner. O hâlde böyle bir cisim ancak küre şeklinde olur ve gök cisimleriyle büyük bir benzerlik gösterir.

Hayy, hayvanların çeşitli hâllerini değerlendirip hayvanlarda Zorunlu Varlık'ın farkında olduklarını gösteren herhangi bir belirtiye ulaşamayınca, bütün gök cisimleri gibi kendisinin de dengeli bir ruha sahip olduğuna kanaat getirdi. Demek ki kendisi diğer hayvanlardan farklıydı ve farklı amaçlar için yaratılmıştı. Diğer hayvan türlerine yüklenmeyen büyük bir görev için hazırlanmıştı. Varlığını oluşturan iki parçadan bayağı olanı yani cismaniliği, daha ziyade oluş ve bozuluş dünyası dışındaki göksel cevherlere benziyordu ve bu cevherler kusursuzdu; bu hâliyle dönüşüm ve değişime maruz kalmaktan uzaktı. Bu durumdan son derece onur duydu. Varlığının, yüce olan diğer parçasıyla da Zorunlu Varlık'ı tanıyordu. Bu arif tarafı, Rabbani bir emirle gerçekleşerek ne bir şeye dönüşüyor ne de bozuluyordu; ne bir cisim niteliği taşıyor ne de duyularla ya da hayal gücüyle algılanabiliyordu. Kendisinden başka hiçbir araç onu arif tarafına götüremiyordu. Zira arif de maruf da marifet de kendisiydi. Âlim de malum da ilim de yalnızca kendisiydi. Bunların arasında herhangi bir farklılık da yoktu. Çünkü farklılık ve ayırım, bedenlerle ilgilidir ve onlara bağlıdır. Oysa burada ne beden ne bedensel nitelik ne de bedene herhangi bir eklemleme söz konusuydu. Hayy bin Yakzan, gök cisimlerine benzerliğinin kendisini diğer hayvanlardan nasıl ayırdığını kavrayınca bu cisimleri örnek alması, hareketlerini taklit etmesi ve onlarla özdeşleşmek için elinden geleni yapması gerektiğini düşündü. Dahası sayesinde Zorunlu Varlık'ı tanıdığı değerli parçasının da o Zorunlu Varlık'a benzemesi dolayısıyla cismani sıfatlardan münezzeh olduğuna hükmetti. Öyleyse Zorunlu Varlık'ın sıfatlarını kazanmak, onun mizacıyla donanmak, onun fiillerini örnek almak için elinden geleni yapmalıydı. Onun iradesini uygulamak, her şeyi ona teslim etmek, bütün hikmetini zahirî ve bâtıni olarak yürekten benimsemek için her türlü çabayı göstermeliydi. Bedenini acıtsa da zarar verip harap etse de bu şekilde mutlu olmasını öğrenmeliydi.

Bununla birlikte, oluş ve bozuluş dünyasına ait olan bayağı parçası sayesinde diğer hayvanlarla bazı benzerliklerinin olduğunu da fark etti. Bu, çeşitli duyuların yiyecek, içecek ve cinsel birleşme talep ettiği karanlık ve yoğun bedeninden başka bir şey değildi. Ancak bu beden boşuna yaratılmış ve amaçsızca kendisine eklemlenmiş olamazdı. Bu nedenle bedenini irdelemek, onun işlerini yoluna koymak zorundaydı. Bu irdeleme sürecinde diğer hayvanlar ne yapıyorsa onun da benzer şeyler yapması gerekiyordu. Dolayısıyla kendi amaçlarına yönelik üç türlü eylem söz konusuydu: Konuşmayan hayvanlarla benzerliğinden kaynaklanan eylemler, gök cisimleriyle benzerliğinden kaynaklanan eylemler ve Zorunlu Varlık'a benzerliğinden kaynaklanan eylemler.

Öncelikle konuşmayan bir hayvan gibi davranmalıydı, çünkü tek tek organları, farklı işlevleri ve dürtüleri olan karanlık bir bedene sahipti. İkinci olarak gök cisimleri gibi davranmalıydı, çünkü kalbi mesken edinen, bedenin hem merkezinin hem de diğer melekelerinin kaynağı olan hayvani bir ruha sahipti. Üçüncü olarak kendiliği "zatı" olduğu için böyle davranmalıydı, çünkü kendiliği sayesinde Zorunlu Varlık'ı tanımıştı.

İlk başta mutluluğunun ve mutsuzluktan kurtuluşunun, bir göz kırpışı kadar bile ara vermeden Zorunlu Varlık'ı sürekli müşahede etmesine bağlı olduğunu düşündü. Sonra da bu devamlılığı nasıl sağlayacağı üzerine kafa yordu. En sonunda söz konusu üç eylem türünden her birine odaklanması gerektiğine kanaat getirdi.

Konuşmayan hayvanlarla benzerliğinden kaynaklanan eylemler, onu Zorunlu Varlık'ı müşahede etmeye yaklaştırmaz, tam aksine onu bundan alıkoyan bir engele dönüşür. Zira bu tür eylemler, duyulara yönelmek anlamına gelir ki bütün duyular söz konusu müşahedeyi perdeler. Bu eylemler, bir sonraki aşamada gök cisimleriyle özdeşleşmeyi gerçekleştirmek üzere hayvani ruhu devam ettirmenin yoludur. Kendine özgü riskleri olmasına rağmen böyle bir yol kaçınılmaz görünür.

Gök cisimleriyle olan benzerliğinden kaynaklanan eylemlerde devamlı müşahede büyük ölçüde gerçekleşse de yine de kusurludur. Zira bu şekilde bir müşahedeye ulaşanlar, daha sonra göreceğimiz gibi yalnızca kendiliklerini tefekkür edip kendilerine yönelirler.

Zorunlu Varlık'a benzerliğinden kaynaklanan eylemlere gelince, kusursuz müşahede ve katışıksız özdeşleşme *[istiğrâk]*, ancak bu eylemlerde gerçekleşebilir. Böyle olunca Zorunlu Varlık'tan başka bir şeye asla bakılmaz. Müşahedeyi gerçekleştirenlerin kendiliği dağılıp yok olur. Sayıları az ya da çok olsun, tek ve hak olan kudretli yüce Zorunlu Varlık'ın zatı dışındaki bütün kendilikler, fani kalmaya mahkûmdur.

Hayy bin Yakzan nihai amacının üçüncü türden yani Zorunlu Varlık'la özdeşleşme olduğunu, ancak uzun bir süre ikinci tür yani gök cisimleriyle özdeşleşmeyi deneyimlemeden bunu gerçekleştiremeyeceğini anladı. Bunu da ancak birincisini yani konuşmayan hayvanlarla özdeşleşmeyi deneyimleyerek sürdürülebilirdi. Fakat birinci türden özdeşleşme, cevher olmasa da araz bakımından zorunlu ve yararlı olmakla birlikte müşahedeyi engelleyici nitelikteydi. Bütün bunları göz önünde bulundurunca birinci türden yani konuşmayan hayvanlarla özdeşleşmeyi, asgari düzeyde tutmak için kendini sınırladı. Hayvani ruhu asgari düzeyde sürdürmek için bu gerekliydi.

Hayvani ruhu sürdürmenin de iki boyutu vardı: Birincisi, bedenin tükettiğini telafi etmek için iç bünyeyi beslemek. İkincisi ise sıcağa, soğuğa, yağmura, güneş çarpmasına, tehlikeli hayvanlara ve diğer faktörlere karşı dış korumayı sağlamak. Bu ihtiyaçlarını başına buyruk bir şekilde rastgele karşılarsa aşırıya kaçarak asgari miktarın üzerine çıkabilir, farkında olmadan işler aleyhine dönebilirdi. Bundan dolayı kendisi için aşmayacağı sınırlar ve miktarlar belirledi.

7

ÜÇ GÖREV

Hayy bin Yakzan ne tür besinleri, hangi miktarlarda ve hangi aralıklarla yiyeceğine karar vermesi gerektiğini anladı. Bu nedenle önce besin türlerine odaklandı ve bunları üç gruba ayırdı. Birinci grupta henüz olgunlaşmamış ve gelişimini tamamlamamış bitkiler vardı ki bunlar, yenilebilecek her türlü yaş bakliyattı. İkinci grupta büyümesini tamamlamış, neslini sürdürmek için tohumlarını çıkarmış olan bitkiler ve meyveler yer alıyordu. Her türlü yaş ve kuru meyve, bu gruba dâhildi. Üçüncü grupta ise yenilebilir nitelikteki kara ve deniz hayvanları yer alıyordu.

Bütün bu besinlerin, Zorunlu Varlık'ın eylemlerinin ürünü olduğunu biliyordu. O Zorunlu Varlık ki, mutluluğunu ona yakın olmakta arıyor, ona öykünmeye çalışıyordu. Bunlarla beslenmek yetkinleşmeyi ve nihai amaçlara ulaşmayı kaçınılmaz olarak engelliyordu. Bu ise Fail'in fiiline itiraz etmek anlamına geliyordu. Onunla yakınlaşma ve ona öykünme talebini sekteye uğratıyordu. Bu yüzden mümkünse besinden büsbütün uzak kalmanın doğru olacağını düşündü. Fakat bedeninin bozulmasına yol açacağı için böyle bir şey imkân dâhilinde değildi ve Fail'e karşı öncekinden daha büyük bir kabahat işlenmiş olurdu. Zira kendi bedeni, bedeninin hayatta kalmasına vesile olan o nesnelerden daha doğrrliydi. Bu yüzden iki kötüden iyisini seçti. Zorunlu Varlık'a karşı iki kabahatten en hafif olanına göz yumdu. Bahsettiği besinler zor bulunuyorsa eğer, imkân dâhilinde eline geçtikçe ve kendi belirleyeceği miktarda tüketmeye karar verdi. Bolca bulunabilenlerden ise Fail'in eylemine karşı en az kabahat sayılacak olanları belirleyip seçmeliydi. Örneğin çekirdeklerini muhafaza etmek şartıyla iyice olgunlaşmış, çekirdekli meyvelerin etlerini yiyebilirdi. Meyvelerin benzerini üretecek kerteye gelmiş çekirdekleri yememeli, bozmamalı, yeniden üremeye elverişli olmayan taşlı, tuzlu ya da başka türlü verimsiz topraklara atmamalıydı. Elma, armut gibi etleri yenilebilir besleyici meyveler bulamadığı takdirde ceviz ve kestane gibi yenilebilir yemişleri olanları ya da tamamen olgunlaşmamış yeşil bakliyatı tercih edebilirdi.

Her iki durum için de kendisi için belirlediği tek şart en bol olanları ve en hızlı çoğalanları seçmek, onları köklerinden koparmamak ve çekirdeklerini telef etmemekti. Bunlardan hiçbirini bulamazsa, sayıca bol olan hayvanlardan birini seçmek ve hiçbir türün kökünü kurutmamak koşuluyla hayvan etiyle ya da yumurtasıyla beslenmekti. İşte, yiyebileceği besin türleri hakkındaki düşüncesi böyleydi.

Besin miktarıyla ilgili olarak da sadece açlığın acısını dindirecek kadar yemesi ve bu miktarı aşmaması gerektiğine inanıyordu. İki öğün arasındaki süreye gelince, asgari besin ihtiyacını aldıktan sonra –aşağıda bahsedileceği gibi– ikinci türden özdeşleşmeyi yani gök cisimlerine öykünmek için görevlerini yerine getiremeyecek kadar kendisini zayıf hissedinceye dek yeniden yemek yememesi gerektiğini düşünüyordu.

Hayvani ruhunu korumak için dış korumaya duyduğu ihtiyaç zor bir mesele değildi. Zira hayvan postları giyiyordu ve kendisini dışarıya karşı koruyan bir barınağı vardı. Bununla yetinerek daha fazlasıyla uğraşmayı gereksiz gördü. Kendisi için belirlediği beslenme kurallarını, karar verdiği gibi uyguladı.

Hayy bin Yakzan, bedeninin iç ve dış ihtiyaçlarını teminat altına aldıktan sonra, ikinci türden özdeşleşmeye yani gök cisimlerine öykünmeye, onları örnek almaya, niteliklerini ve özelliklerini edinmeye geçti. Ona göre gök cisimleri nitelik bakımından üçe ayrılıyordu: *Birincisi*, gök cisimlerinin altındaki oluş ve bozuluş dünyasıyla ilişkilerinden doğan niteliklerdi ki onu cevher itibariyle ısıtmayı, araz itibariyle soğutmayı sağlayan, Zorunlu Varlık olan Fail'in ruhani formlarına ışıtma, seyreltme, yoğunlaştırma gibi yollarla akmayı *[feyedân/ feyezan]* elverişli kılan niteliklerdi. *İkincisi*, gök cisimlerinin saydamlığı, parlaklığı, berraklığı, her türlü bulanıklık ve kirden arınmışlığı; kiminin kendi etrafında kiminin de başka cisimler etrafında dönerek hareket hâlinde olmaları dolayısıyla bu cisimlerin özlerinde mevcut olan niteliklerdi. *Üçüncüsü* ise gök cisimlerinin Zorunlu Varlık'ı kesintisiz müşahede etmeleri, ondan hiç yüz çevirmemeleri, ona karşı sürekli bir özlem içinde olmaları, onun hikmetleriyle hareket etmeleri, iradesini gerçekleştirmeye hep hazır olmaları, yalnızca onun iradesi ve kudreti dâhilinde hareket etmeleri gibi Zorunlu Varlık'la ilişkilerinden kaynaklanan niteliklerdi. Hayy bin Yakzan, bu niteliklerin her biriyle özdeşleşmek için elinden geleni yaptı.

Birinci gruptaki nitelikler bakımından gök cisimleriyle özdeşleşmek için ihtiyaç sahibi, hasta, zarar görmüş ya da bir engeli bulunan herhangi bir hayvan ya da bitki gördüğünde, imkânları çerçevesinde onları bu durumdan kurtarmaya adadı kendini. Örneğin herhangi bir engel nedeniyle güneş alamayan bir bitki iliştiğinde gözüne, elinden geldiğince bu engeli ortadan kaldırdı. Eziyet veren başka bir bitkiyle kuşatılmış bitki gördüğünde eziyet eden bitkiye de zarar vermeyecek şekilde aralarına engeller koydu. Susuzluktan yok olmaya yüz tutan bitkileri, imkânları nispetinde suladı. Bir sırtlan tarafından takatsiz düşürülen, herhangi bir tuzağa yakalanan, ayağına diken batan, gözüne veya kulağına zararlı bir cisim kaçan, açlık veya susuzluk çeken bir hayvan görürse onu bu eziyetlerden kurtarmak ve besleyip su vermek için var gücüyle çaba gösterdi. Bir bitkiye veya hayvana doğru akan suyun yatağında, herhangi bir taş düşmesinden veya toprak kaymasından kaynaklanan bir engel görürse hemen bu engeli ortadan kaldırdı. Hayy bin Yakzan, belli bir yetkinliğe ulaşana kadar bu şekilde gök cisimleriyle özdeşleşme çabalarını sürdürdü.

İkinci gruptaki nitelikler itibariyle, gök cisimleriyle özdeşleşmek için mümkün olduğunca sık yıkanarak bedenini kir ve pisliklerden arındırarak temiz kalmaya özen gösterdi. Tırnaklarını, dişlerini, koltuk altlarını ve kasıklarını yıkadı. Bulabildiği bitki ve aromatik yağ kokularından bedenine sürerek giysilerinin de temiz ve güzel kokmasını sağladı. Öyle ki güzel kokan tertemiz güzel teniyle göz kamaştırıyordu.

Bir yandan da gök cisimlerine benzer dairesel hareketler yapıyordu. Kimi zaman kıyı şeridinden adanın etrafında dönüyor ve dört bir köşesini dolaşıyordu. Kimi zaman yürüyerek veya koşar adımlarla evinin ya da bir tepenin etrafında dönüyordu. Kimi zaman da yere düşüp bayılana kadar kendi etrafında daireler çiziyordu.

Üçüncü gruptaki nitelikler yoluyla gök cisimleriyle özdeşleşmek için bütün düşüncesini Zorunlu Varlık üzerinde yoğunlaştırdı. Sonra da kendini her türlü duyusal bağlardan kopararak gözlerini ve kulaklarını kapattı. Bu yoğunlaşmasının, hayalleri tarafından kesintiye uğramaması için büyük bir çaba gösterdi. Yalnızca Zorunlu Varlık'ı düşünerek onun dışındaki her şeyden zihnini uzak tutmak için elinden geleni yaptı. Bunu tetiklemek için büyük bir coşkuyla kendi etrafında hızla dönmeye başladı. Hızlandıkça duyusal algıları yok oldu. Hayal gücü ve bedensel araçlara ihtiyaç duyan diğer melekeleri zayıfladı. Böylece bedeninden bağımsız çalışmaya başlayan kendiliğinin işleyişi güçlendi. Kimi zaman düşüncesi berraklaşıyor ve Zorunlu Varlık'ı müşahede edebiliyordu. Fakat bir süre sonra bedensel melekeleri geri gelerek her şeyi bozuyor, onu aşağıların aşağısı konumuna geri götürüyordu. Amacından saptığı böyle durumlarda Hayy, yukarıda belirlediği koşullar dâhilinde bir miktar besin aldıktan sonra gök cisimleriyle üçüncü özdeşleşmesine yeniden başlıyor ve bedensel dürtülerle çekişmeye giriyordu. Fakat bir an için bile üstünlüğü ele geçirip zihnini bulanıklıktan kurtarırsa üçüncü gruptakilerle benzer hâllere evriliyor ve bu süreçte çabasını yoğunlaştırıp Zorunlu Varlık'ın niteliklerine odaklanıyordu. Hayy bu işe girişmeden önceki ilmî arayışı sırasında Zorunlu Varlık'a ait sıfatların, iki çeşit olduğuna hükmetmişti: Birincisi ilim, kudret ve hikmet gibi olumlu *[subûtî]* sıfatlardı. İkincisi ise uzaktan da olsa cismanilikten ve ona bağlı şeylerden arınma örneğinde olduğu gibi olumsuz *[selbî]* sıfatlardı. Zorunlu Varlık'ın olumlu sıfatları, cismanilikten arındırmayı gerektirir. Zira çoklukla karakterize edilen cismin nitelikleri, olumlu sıfatlarda bulunmaz. Bu durumda Zorunlu Varlık'ın zatı, olumlu sıfatlarla çokluğa maruz kalmadan tek bir manaya döner ki, o da onun zatının gerçekliğidir. Hayy, bu iki yolla Zorunlu Varlık'la nasıl özdeşleşebileceğinin arayışına girdi.

Bütün olumlu sıfatların Zorunlu Varlık'ın hakikatinden doğduğunu anlamıştı ve bu varlıkta hiçbir surette çokluk yoktu. Zira çokluk, cisimlerin sıfatlarındandı. Zorunlu Varlık'ın zatını bilmesi, onun zatına ilave bir mana eklemiyordu. Dahası Zorunlu Varlık'ın zatı, ona ilişkin bilgisinden başka bir şey değildi. Aynı şekilde Zorunlu Varlık'la ilgili bilgisi, Onun zatından başka bir şey değildi. Öyle anlaşılıyordu ki Zorunlu Varlık'ı bilme imkânına kavuşması hâlinde bu bilgisi, Zorunlu Varlık'ın anlamına yeni bir şey katmıyordu; aksine bu bilgi, Zorunlu Varlık'ın bizzat kendisiydi. Böylece olumlu sıfatlar bakımından Zorunlu Varlık'la özdeşleşmenin, ona herhangi bir cismani sıfat atfetmeden, yalnızca onu bilmekle mümkün olacağını anlayarak buna göre hareket etmeye karar verdi.

Bütün olumsuz sıfatlar, cismanilikten arınmakla ilişkiliydi. Bu nedenle cismani nitelikleri kendisinden uzaklaştırmaya başladı. Zaten gök cisimleriyle özdeşleşmeye çalıştığı bir önceki terbiye aşamasında, bunların birçoğunu hayatından çıkarmıştı. Fakat yine de üzerinde pek çok kalıntıları vardı. Kendi etrafında dönmesi (ki hareket cisimlere özgü en belirgin sıfatlardandı), hayvanlara ve bitkilere olan ilgisi ve şefkati, onları her türlü eziyetten kurtarmaya çalışması bunlardan yalnızca birkaçıydı ve hepsi de cisimlerin sıfatlarındandı. Zira bedensel melekeler olmadan ne ilk aşamada görülebilirlerdi ne de onlar için emek verilebilirdi.

Şimdi arzulamakta olduğu hâle yakışmadığı için bunları hayatından çıkarmaya karar vererek mağarasına çekildi. Başını öne eğip gözlerini kapatarak bütün algılardan ve bedensel dürtülerden uzaklaştı. Zihnini başka çağrışımlara yer vermeden bütünüyle Zorunlu Varlık'a yoğunlaştırdı. Hayaline başka bir şey gelse hemen var gücüyle uzaklaştırdı. Uzun bir süre kendini bu şekilde terbiye ederek bunu bir alışkanlığa dönüştürdü. Öyle ki günlerce ağzına bir şey koymadığı, yerinden kımıldamadığı oluyordu.

8

İLAHİ TASAVVUR

Hayy bin Yakzan'ın yoğun mücadele içinde olduğu bu sıralarda kendiliği dışındaki bütün zatlar zihninden neredeyse yok oluyordu. İlk ve hak olan Zorunlu Varlık'ın müşahedesiyle katışıksız özdeşleştiği sıralarda bile kendiliği varlığını sürdürüyordu. Ancak bu durum, katışıksız müşahedeyi bulanıklaştırdığı ve odağını dağıttığı için rahatsız oluyordu. Bu yüzden kendinden kurtulma ve Hakk'a[21] olan müşahedesini berraklaştırma çabasında ısrar etti. Gerçekten de istediği oldu. Gökler, yeryüzü ve ikisi arasındaki her şey, tüm ruhani formlar ve cismani melekeler, maddeden ayrılan ve Varlık bilgisine sahip bütün kuvvetler, zihninden silinip gitti. Kendi benliği de onlarla birlikte eridi. Her şey rüzgârdaki toz zerrecikleri gibi dağılıp kayboldu. Yalnızca Tek Hakikat olan Ebedi Varlık kaldı. O Ebedi Varlık ki, zatına eklenecek bir mana bulunmayan kelamında şöyle diyor: *"—Şimdi söyleyin: Hükümranlık kimindir? —Elbette tek ve mutlak hükümran olan Allah'ındır."*[22] Onun kelamını anladı ve çağrısına kulak verdi. Konuşmayı bilmemesi bile buna engel değildi. Bu şekilde katışıksız bir müşahede hâlinde hiçbir gözün

---

21 Arapçada "hakk" kelimesi gerçek, hakikat, hak, sorumluluk anlamlarına geldiği gibi Allah'a gönderme yapan bir sıfattır. (ç.n.)
22 İbrahim/Gâfir Suresi, 16. (ç.n.)

görmediğini gördü, hiçbir kulağın duymadığını duydu ve hiçbir insanın kalbine doğmayanı hissetti.

Öyleyse hiçbir insanın kalbine doğmayan bir şeyi tarif etmeye kalkışmayın. Öyle şeyler vardır ki, insan kalbinde doğduğu hâlde tarif edemezsiniz. Hâl böyleyken, kalbin hissedemeyeceği, onun dünyasından ya da sınıfından olmayan bir şey nasıl tarif edilebilir? Burada "kalp" derken ne bildiğimiz fiziksel organı ne de onun boşluğundaki ruhu kastediyorum. Kalp derken kastettiğim şey, insan bedenine enerjisini akıtan o ruhun formudur. Kalbe ilişkin her üç çağrışım da "kalp" kelimesine göndermede bulunsa da müşahede deneyimini bu anlamlardan biriyle ifade etmenin imkânı yoktur. İfadenin gerçekleşmesi için kalbin üç çağrışımına da dokunması gerekir.

Müşahede hâlini betimlemeye çalışmak, imkânsızı istemektir. Böyle bir şey yapmak, renkleri tadıp da mesela siyahın tatlı ya da ekşi olmasını istemeye benzer. Bununla birlikte Hayy'ın o konumda tanık olduğu olağanüstü durumlara ait işaretlere değinmeden geçemeyeceğim. Ancak hakikatin kapısını çalarak değil mecaz yoluyla buna değineceğim. Zira bunu bilmenin tek yolu oraya bizzat varmaktır.

Öyleyse şimdi kalbinin kulaklarıyla dinle. Aklının gözüyle ise sana işaret edeceğim hususlara odaklan. Belki yolun kavşağında sana kılavuzluk yapacak bir şey bulabilirsin. Tek şartım, bu sayfaya yazdıklarımdan daha fazlasını benden istememendir. Zira ifadenin kapsamı son derece sınırlıdır. Doğası gereği kelimelere dökülemeyen bir şeyi, kelimelerle kontrol etmeye kalkışmak tehlikeli bir iştir.

Şimdi hikâyeye dönelim... Hayy bin Yakzan hem kendi özünü hem de başka özleri yok edip varlıkta Bir'den, Diri'den, Ebedi'den başka kimseyi göremediği bir müşahede yaşadı. Yarı sarhoş olduğu bu hâlden ayılınca her şeyi yeniden farklı gördü. Çünkü kendi özünün, Hakk'ın zatından yani özünden farklı olmadığını anlamıştı. Kendi özünün hakikati, Hakk'ın özünün ta kendisiydi. İlk başta Hakk'ın özünden farklı olduğunu zannettiği kendi özü, aslında tek başına bir hiçti ve Hakk'ın özü olmadan da her şey hiçti.

Bu durum, yoğun bir nesnenin üzerine düşen güneş ışığının, nesne üzerinde onun bir parçası gibi görünmesine benzer. Işık yansıdığı cisme ait gibi görünse de gerçekte güneş ışığından başka bir şey değildir. Nesne ortadan kaldırılırsa nesneye yansıyan ışık da kaybolur ama güneş ışığı olduğu gibi kalır. Güneş ışığı ne nesnenin varlığıyla azalır ne de onun yokluğunda çoğalır. Yalnızca ışığı almaya elverişli bir nesne, onu kabul edecektir. Nesnenin ışığı kabul etme yeteneği yoksa böyle bir şey de gerçekleşmeyecektir.

Böylece Hayy bin Yakzan'ın, Hakk'ın yüce özünün hiçbir surette çoğul olmadığına dair kanaati iyice güçlendi. Hakk'ın özünü bilmek, özün kendisiydi. Öyleyse Hakk'ın özüne dair bilgiyi edinen kimse, onun özünü edinmiş oluyordu. Hayy da bu bilinci edinmişti; demek ki özün kendisini edinmişti. Hakk'ın özü, ancak onun özüne nüfuz edilerek idrak edilebilirdi. İşte, nüfuz edilen bu idrakin kendisiydi Hakk'ın özü. Buna göre Hayy, bu özden başka bir şey değildi.

Hakk'ın özünün farkında olan, maddeden soyutlanmış bütün aşkın benlikler için de durum aynıydı. Hayy, bir zamaalaa bir Anlı çoğul görüyordu fakat bu kanaatle birlikte her şey tekte birleşiyordu. Allah'ın şefkatine mazhar olup da onun kılavuzluğuyla yolunu bulmasaydı içindeki bu yanılgı derinleşecekti. Hayy, yanılgısının cismani karanlığın kalıntılarından ve duyusal algıların bulanıklığından kaynaklandığının farkına vardı. Zira az ve çok, bir ve birlik, çoğul ve bütünlük, ayrıklık gibi tüm nitelikler cisimlere özgüydü. Fakat gücü ve izzeti her şeyi kuşatan Hakk'ın özünü bilenin, maddeden soyutlanmış özleri, sırf maddeden soyutlandıkları için çoğul ya da tekillikle tanımlaması gerekmez. Zira çoğul, birbirinden farklı özlere gönderme yaparken teklik, bitişiklik ilişkisi içinde anlam kazanır ve bunların hiçbiri, maddeyi içeren bileşik kavramlar olmadan anlaşılamaz.

Bu bağlamda dil son derece kısıtlayıcı olabilir. Maddeden soyutlanmış özleri, gündelik dilin çoğul formuyla ifade etmeye kalkarsan çokluktan yoksun olmalarına rağmen çoğul oldukları izlenimini verebilirsin. Aynı şekilde onları tekil formuyla ifade edersen de tek oldukları anlaşılabilir ki, ikisi de aynı derecede imkânsızdır. Şu anda kendimi, gözleri güneşten kör olmuş yarasaların karşısında hissediyorum. İçlerinden biri cinnet zincirleri içinde çırpınarak: "Kılı kırk yarayım derken akıllı insanların içgüdüsel sağduyusunu kaybettin." diye bağırıyor. "Makulün ilkelerini terk ettin. Akla göre bir şey ya tektir ya da çoktur." Pekâlâ, bırakalım da yarasamız sakinleşsin, tuhaf dilini düzeltip hatayı kendinde arasın. O da Hayy bin Yakzan gibi, parçası olduğu değersiz duyular dünyasından ders çıkarsın. Zira Hayy da ilk başta duyular dünyasına dair farklı düşünüyordu. Kimi zaman onu sınırsız bir çokluk gibi görürken kimi zaman da teklik olarak görüyordu. Bu tereddütlü hâl içinde ikisi arasında gidip geliyordu.

Duyular dünyasının kaynağında tekillik ve çoğulluk, bitişiklik ve ayrılık, benzerlik ve farklılık, ittifak ve ihtilaf vardır. Duyular dünyasının mahiyeti, bunlarla anlaşılır. O hâlde Hayy, "bütün" ve "bazı" kelimelerinin geçersiz olduğu, kimsenin gündelik dilin kelimeleriyle hakikati varsayımlar olmadan konuşamadığı, görmeyenin bilmediği, ulaşamayanın mahiyetini idrak edemediği ilahi âlem hakkında ne düşünecekti?

Şimdi, "Kılı kırk yarayım derken akıllı insanların içgüdüsel sağduyusunu kaybettin. Makulün ilkelerini terk ettin." diyen yarasaya hakkını teslim edip onu aklıyla ve akıllı insanlarıyla baş başa bırakalım. Onun ve benzerlerinin "akıl"dan kastettiği şey, duyusal algının bireyleri üzerinde çalışan ve ondan bütüncül bir anlam kotarmaya çalışan makul melekedir. "Akıllı insanlar" dediği kişiler de bu yaklaşımı benimser ki bizim söylemimiz ondan çok daha ileridedir. Yalnızca duyular ve ona ilişkin genel olgulardan başka bir şey bilmeyenler kulaklarını bize kapatsınlar ve *"Bu dünya hayatının yalnız görünen yüzünü bilen ama ahiretten habersiz"*[23] dostlarına geri dönsünler.

Sana gelince –sevgili okuyucu– ilahi âleme dair bu tür işaret ve imalarla yetinir, sözlerimi ifade ettiğim bağlamın dışına çekmezsen, Hayy bin Yakzan'ın doğruluk makamında neler müşahede ettiği hakkında biraz daha yazmak niyetindeyim.

---

23 Rum Suresi, 7. (ç.n.)

Hayy bin Yakzan katmulanın anlaşılması (istiğrak), benliği yok etme *[fenâ']* ve vuslatın hakikatine erişme süreçlerinden geçerek en üst gökküreyi *[el-felek el-a'lâ]* müşahede etti. Burada maddeden soyutlanmış bir öz gördü. Ne Hakk'ın ne gökkürenin ne de başka bir şeyin özüydü bu. Güneşin, cilalı bir aynaya yansıyan görüntüsüne benziyordu: Ne güneşti ne aynaydı ne de başka bir şeydi. Gökkürenin özünde gördüğü yetkinlik ve güzellik, kelimelere dökülemeyecek kadar muazzamdı, seslere ya da harflere giydirilemeyecek kadar da zarifti. Hayy büyük bir haz, neşe, coşku ve mutlulukla aziz ve celil olan Hakk'ın özünü müşahede ederek gökküreyi gördü.

En üst gökkürenin hemen altında sabit yıldızlar küresi vardı. Hayy, maddeden soyutlanmış bu kürenin de özünü müşahede etti. Ne Hakk'ın ne maddeden soyutlanmış gökkürenin ne de başka bir şeyin özüydü bu. Sanki güneşin aynaya yansıyan görüntüsü, güneşin karşısındaki başka bir aynaya yansıyordu. Hayy, en üst gökkürede gördüğüne benzer bir güzelliği, ihtişamı ve hazzı buradaki özde de müşahede etti.

Bir sonraki Zühal[24] küresinde de maddeden soyutlanmış ve daha önce gördüğü özlerden hiçbirine benzemeyen bir öze tanıklık etti. Burada da sanki güneşin aynaya yansıyan görüntüsü, güneşin karşısındaki başka bir aynaya yansıyordu. Öncekilerde tanıklık ettiği ihtişam ve lezzeti bu özde de yaşadı.

Hayy bin Yakzan maddeden soyutlanmış ve hiçbir öze benzemeyen diğer küreleri de birer birer müşahede etti. Sanki güneşin görüntüsü, kürelerin sıralı düzeni çerçeve-

---
24 Satürn. (ç.n.)

sinde bir aynadan diğerine yansıyıp duruyordu. Her bir özde hiçbir gözün göremediği, hiçbir kulağın duyamadığı ve hiçbir insanın kalbine doğmayan bir güzelliğe, ihtişama, neşeye ve hazza tanık oldu.

Ve nihayet Ayaltı küreyi oluşturan oluş ve bozuluş dünyasına ulaştı ve burada da hiçbir öze benzemeyen maddeden soyutlanmış bir öz gördü. Bu özün yetmiş bin yüzü vardı. Her yüzde yetmiş bin ağız, her ağızda yetmiş bin dil vardı ve bu diller bıkmadan yorulmadan Bir Olan Hakk'ın özünü tespih edip yüceltiyorlardı. Hayy, çoğul olmadığı hâlde çoğul zannettiği bu özün de ihtişam ve hazzına tanık oldu. Sanki güneşe bakan ilk aynadan sonuncusuna kadar sıralı bir düzen içinde birer birer yansıyan güneşin görüntüsü, son aynadan titreşen bir suya yansıyordu.

Sonra kendi aşkın özünü gördü. Yetmiş bin yüzün özü bölünebilse her birinin bu özün bir parçası olduğunu düşünebilirdik. Öte yandan yoktan var edilmiş olmasa Hayy'ın özüyle aynı sanabilirdik. Dahası Hayy'ın bedeniyle birlikte "hudûs"unu yani yaratıldığını bilmesek bu özün henüz "hâdis" olmadığını yani yaratılmadığını zannedebilirdik.

Hayy bin Yakzan, bir zamanlar var olup sonra yok olan ya da kendisiyle birlikte var olmaya devam eden cisimlere ait kendi özü gibi özler de gördü. Bunların çoğul oldukları söylenebilseydi, sayıları sonsuzdu. Tekil oldukları söylenebilseydi, hepsi tek biri oluşturuyordu. Hayy hem kendi özünde hem de kendi mertebesindeki diğer tüm özlerde hiçbir gözün göremediği, hiçbir kulağın duyamadığı, hiçbir insan kalbinin hissetmediği, hiç kimsenin tanımlayamadığı ve hakikate erişen ariflerden başka kimsenin aklından geçiremediği sonsuz güzelliği, ihtişamı ve hazzı müşahede etti.

Bununla birlikte maddeden soyutlanmış, güneşin görüntüsünün yansıdığı parlak aynalardan yüzlerini çeviren kirli ve paslı aynalara benzeyen birçok özü de gördü. Bunlarda tahmin edemediği kadar çirkinlik ve eksikliğe tanık oldu. Sonsuz acılar ve özlemler içinde kıvranıyorlardı. Azap duvarlarıyla kuşatılmışlar, kavuşamamanın ateşiyle yanıyorlardı. Azabın şiddeti ile vuslatın çekiciliği arasında adeta testerelerle biçilip duruyorlardı.

Hayy acı çeken bu özler dışında bir zamanlar sımsıkı örülüp biçimlendirilen ama şimdi çözülüp yok olmuş görünen başka özler de müşahede etti. Dikkatli bir gözle bakınca bunlarda azameti ve heybeti, harikulade yapıyı, aceleci yaradılışı, ergin hükümleri, biçimlenmiş bedenleri, üfürülmüş ruhları, oluş ve bozuluşları gördü. Fakat tam bakışlarını onlara dikiyordu ki yarı baygın hâlinden tökezleyip uyandı. O sırada ilahi dünya kayboldu ve duyular dünyası ortaya çıktı. Zira bu iki dünyanın bir arada olması imkânsızdı. İki kuma gibi, birini mutlu edince diğeri öfkeleniyordu.

Şöyle bir itiraz ileri sürebilirsin: Bu müşahede ile ilgili anlattıklarından anlaşılıyor ki maddeden soyutlanmış özler, küreler gibi bozulmadan devamlı var olan cisimlere aitse devamlı var olurlar. Fakat "konuşan hayvanlar" gibi bozulmaya meyilli cisimlere aitse, yansıyan ayna örneğinde gösterdiğin gibi bozulur, dağılır ve yok olurlar. Zira görüntünün kalıcılığı, aynanın kalıcılığına bağlıdır. Ayna bozulursa görüntü de bozulup yok olur.

Ben de sana derim ki: Aramızdaki taahhüdü unutup ahdini ne çabuk bozuyorsun? Dilin ne kadar kısıtlı olduğunu, kelimelerin de hakikati her durumda nasıl çarpıttığını yukarıda söylememiş miydik? Senin yanılgın, sembolü temsil ettiği şeyle her bakımdan aynı ve özdeş kabul etmenden kaynaklanıyor. Sıradan konuşma tarzlarında bile böyle bir aynılık aranmazken bu bağlam için böyle bir aynılık nasıl aranabilir? Zira güneş, güneşin ışığı, görüntüsü ve oluşumu, aynalar ve onlara yansıyan görüntüler, cisimlikten soyutlanamayan şeylerdir. Cisimler varsa onlar da vardır, cisimler yoksa onlar da yoktur. Fakat ilahi özler ve Rabbani ruhlar, cisimlikten ve cisimle ilişkili her şeyden tamamen münezzehtir. Cisimliğe bağlı ya da ilişkili olmadıkları için onlar açısından cisimlerin sabit ya da değişken, var ya da yok olması bir şey değiştirmez. Bu özler, yalnız Tek Zorunlu Varlık olan Hakk'la ilişkiliydi. O ki onların evveli ve kaynağı, sebebi ve mucidiydi. Onlara devamlılık ve kalıcılık verendi. Hiçbir cisme muhtaç değildi ama bütün cisimler ona muhtaçtı. Cisimlerin ise kaynağı onlarda olduğu için yok olmaları mümkün olsa yok olurlardı. Fakat zatından başka ilahın olmadığı Hakk'ın özünün, –hâşâ– yok olması mümkün olsa bütün özler, cisimler, duyular dünyası yok olur ve her şey birbirine bağlı olduğu için ortada varlık namına bir şey kalmazdı. Duyular dünyası, bir gölge gibi ilahi âleme bağlıdır. İlahi âlem ise duyular dünyasına ne muhtaçtır ne de ona bağımlıdır. Duyular dünyası, zorunlu olarak ilahi dünyaya bağlıdır ve duyular dünyasının bozulması, onu mutlak bir şekilde yok etmez, yalnızca değişikliğe uğratır. Bundan dolayıdır ki Yüce Kitap, bağlam gerektirdikçe hareket hâlindeki dağla,dan onların yüz topaklarına dönüştürülmesinden, insanların kelebekler gibi uçuşmasından, güneşin ve ayın yuvarlanmasından, denizin fokurdamasından,[25] *"yerin başka bir yere, göğün başka bir göğe dönüştürüleceği o gün"* den[26] bahseder.

İşte, senin için Hayy bin Yakzan'ın, o yüce makamın huzurunda müşahede ettiklerine bir parça değinmemi sağlayan da bu kudrettir. Fakat benden daha fazlasını anlatmamı isteme. Çünkü bu, imkânsızı istemek olur. Şimdi, Allah'ın izniyle onun hikâyesini senin için bitirmek niyetindeyim.

Hayy bin Yakzan, bütün bu yolculuklarından sonra duyular dünyasına dönünce dünya hayatının yükünden usandı ve yüce hayata büyük bir özlem duydu. Daha önce yaptığı gibi o makama geri dönebilmeyi arzuladı. Fakat bu defa öncekinden daha kolay ulaştı oraya ve öncekinden daha uzun bir süre kaldı. Daha sonra da duyular dünyasına döndüğü her seferinde, hayatın ağır yükünü yeniden hissetti ve o yüce makama gitmeyi arzuladı. Yüce makama dönüşü her seferinde daha kolay gerçekleşti ve orada kalış süresi de her defasında daha çok uzadı. Artık Hayy bin Yakzan için o yüce makama erişip dilediği kadar kalmak o kadar kolaylaşmıştı ki istediği zaman gidebiliyor, istediği zaman dönebiliyordu. Nihayet, en aza indirdiği bedensel ihtiyaçları nedeniyle ayrıldığı zamanlar dışında hep müşahede makamında kalmaya başladı. İkide bir kendisini müşahede makamından ayıran bedeninden kurtarması için Allah'a yalvarıyordu. Böylece kendisini tamamen

---

25 Ma'âric Suresi 9, Kâri'a Suresi 4-5, Tekvîr Suresi 1 ve İnfitâr Suresi 3. ayetlere gönderme yapılmaktadır. (ç.n.)
26 İbrahim/Gâfir Suresi, 48. (ç.n.)

ilahi hazza verebilecek, bedeninin gereklerini karşılamak için onu terk etmek zorunda kaldığı zamanlarda hissettiği acıdan kurtulacaktı.

Hayy bin Yakzan, yedinci yedi yılını bitirdiğinde yani elli yaşına geldiğinde hâli buydu. Asal'la tanışıklığı da bu zamana denk geldi. Birazdan Allah'ın izniyle onların hikâyesini anlatacağım.

9

SALAMAN VE ASAL

Hayy bin Yakzan'ın kökeniyle ilgili rivayet edilen iki farklı görüşten birine göre Hayy'ın doğduğu adanın yakınında başka bir ada daha vardı. İşte bu adaya kadim peygamberlerden birinin –Allah'ın selamı bütün peygamberlerin üzerine olsun– öğretilerine dayanan sahih bir dinin mensupları yerleşmişti. Bu dinde bütün hakikatler, kitlelere hitap ederken alışılageldiği gibi, hakikatlerin hayalini zihinlerde resmedecek şekilde mesel ve mecaz yoluyla anlatılıyordu. Bu insanlar adanın dört bir yanına o kadar yayılıp görünür hâle geldiler ki adanın kralı da onların dinlerini benimsedi ve herkese bu dine bağlı kalmalarını emretti.

Bu adada iyiliksever ve fazilet sahibi iki genç vardı. Birinin adı Asal, diğerininki Salaman'dı. Onlar da bu dinle tanışmışlar ve içtenlikle benimsemişlerdi. Kendilerini, dinin bütün gereklerini yerine getirmeye ve ibadetlerini eda etmeye adamışlardı.

Kimi zaman birlikte, kudret sahibi yüce Allah'ın ve meleklerinin sıfatları ile ahiret hayatının, sevap ve cezanın nitelikleri hakkında o dinin kutsal sözlerinden bölümler okuyup kavramaya çalışıyorlardı. Asal, daha ziyade bâtıni ve ruhani anlamlara nüfuz edip yorum yapmak *[te'vîl]* için çabalıyordu. Arkadaşı Salaman ise daha çok zahirî anlamlar katarıyor, yorum yapmaktan özenle kaçınıyor, hüküm çıkarmaya ve tefekküre imkân tanımıyordu. Bununla birlikte her ikisi de kendilerini o dinin zahirî ibadetlerini yapmaya, nefsi sorgulamaya ve meşru olmayan heveslere karşı mücadele etmeye adamışlardı. O dinin şeriatındaki bazı sözler, dünyadan el etek çekmeyi ve yalnız başına tefekkür etmeyi teşvik ediyor ve kurtuluşu bunlarda görüyordu. Başka sözleri de insanlarla bir arada ve toplum içinde yaşamayı teşvik ediyordu. Asal uzleti seçti, çünkü devamlı tefekkür etmek, olaylardan dersler çıkarmak, derin manalara dalmak onun karakterine daha uygundu. Tek başına yaşayarak amacına ulaşabileceğini düşündü. Tefekkürden ve yalnız başına hareket etmekten çekinen Salaman ise kutsal öğretinin toplum içinde yaşamayı teşvik eden sözlerini seçti. Toplumun içinde yaşayarak vesveselerden, rahatsız edici zanlardan ve şeytan ayartmalarından korunduğunu düşünüyordu. Aralarındaki bu ihtilaf ikisinin yollarını ayırdı.

Asal, Hayy bin Yakzan'ın bulunduğu ada hakkında bir şeyler biliyordu. Söylendiğine göre ılıman havasıyla bolluk bereket adasıydı ve tek başına yaşamak isteyen biri için biçilmiş kaftandı. Asal, bu adaya göç edip hayatının geriye kalanını orada geçirmeye karar verdi. O güne kadar sahip olduğu paraları yanına alarak bir kısmıyla kendisini adaya götürecek bir kayık kiraladı. Geri kalanını da fakirlere dağıttı. Arkadaşı Salaman'la vedalaşıp denize açıldı. Kayıkçılar onu adaya götürüp sahile bıraktıktan sonra adadan ayrıldılar.

Asal adada kalarak yücelik ve kudret sahibi olan Allah'a ibadet etti. Onu yüceltip kutsadı, güzel isimleri ve yüce sıfatları üzerinde tefekkür etti. Böylece düşünceleri kesintiye uğramayacak ve zihni berrak olacaktı. Yiyeceğe ihtiyacı olduğunda adadaki meyvelerden yedi ya da avladığı hayvanlardan yiyerek açlığını bastırdı. Bir süre bu şekilde Rabb'iyle konuşarak tam bir mutluluk ve samimiyet hâli yaşadı. Her gün O'nun o kadar çok lütfuna ve ihsanına mazhar oluyordu ki imanı iyice sağlamlaşıyor ve içi ferahlıyordu.

Bu sırada Hayy bin Yakzan, ilahi vecdin derinliklerine dalmıştı ve ihtiyacı kadar yiyecek bulmak için haftada yalnız bir kez mağarasından dışarı çıkıyordu. Bundan dolayı Asal, ilk zamanlarda ona rast gelmedi. Oysa adanın dört bir yanını dolaşmıştı ve hiçbir insan izine rastlamamıştı. Yalnız yaşama arzusuyla adaya geldiğinden içindeki memnuniyet ve huzur duygusu arttıkça artıyordu. Fakat bir gün Hayy bin Yakzan yiyecek bulmak için mağarasından çıktığı sırada Asal da onun gittiği yerdeydi. Bir anda bakışları karşılaştı.

Asal, gördüğü bu adamın, kendisi gibi adada yalnızlık arayan bir münzevi olduğundan hiç şüphe duymadı. Araya girip tanışarak onun inziva hâlini bozmaktan ve varmak istediği menzile ulaşmasını engellemekten çekindi. Hayy bin Yakzan'ın ise bu yaratığın ne olduğuna dair hiçbir fikri yoktu. Daha önce gördüğü hayvanlardan hiçbirine benzemiyordu. Üzerinde tüy ve yünden örülmüş siyah bir aba vardı. Onu Asal'ın teni zannetti ve uzun süre şaşkınlığını gizleyemedi.

Asal, onun dikkatini daha fazla çekmekten korktuğu için arkasını dönüp kaçmaya başladı. Hayy bin Yakzan, mizacındaki merak güdüsüyle Asal'ın peşinden gitti. Fakat bu durumdan korkan Asal'ın daha hızlı koştuğunu körünüp yavaşlayıp bir yere gizlendi. Öyle ki Asal, onun kendisini izlemekten vazgeçip bulunduğu yeri terk ettiğini zannetti. Sonra ibadet etmeye, ayetler okumaya ve dua edip ağlayarak Allah'a yakarmaya başladı. O esnada her şeyden soyutlanmıştı. Asal'ın haberi olmadan, Hayy bin Yakzan yavaşça ona yaklaştı. Tilavetini, tespihini, gözyaşları içinde yakarışlarını duyacak kadar yakınındaydı. Tilavet esnasındaki ahenkli sesi kulağına hoş geldi. Daha önce hiçbir hayvan türünden böyle bir ses duymamıştı. Asal'ın şeklini, beden hatlarını inceledi. Kendisininkiyle aynıydı. Üzerindeki aba, onun doğal derisi değil kendi üzerindeki elbise gibi üretilmiş bir şeydi.

Asal'ın huşu içinde ağlamaklı samimi yakarışını görünce, onun Hakk'ı bilen zatlardan olduğundan emin oldu. Büyük bir merak içinde nesi olduğunu, neden ağlayıp yakardığını öğrenmek istedi ve iyice yaklaştı. Onu fark eden Asal, olanca hızıyla kaçmaya başladı. Hayy bin Yakzan da Allah'ın kendisine bahşettiği beden ve akıl gücü sayesinde bir koşuda onu yakaladı. Öyle güçlü tuttu ki Asal kaçamadı.

Asal, kürklü hayvan postu giymiş olan bu adama baktı. Saçları dizlerini geçiyordu. Koşma hızı ve beden gücü kendisininkinden kat kat üstündü. Korku içinde merhamet diledi ve Hayy'ın anlamadığı bir dilde bir şeyler söylemeye çalıştı. Hayy, ne olduğunu bilmese de bu seslerin korku belirtisi olduğunu anladı ve hayvanlardan öğrendiği seslerle Asal'ın başını okşayıp omuzlarına dokunarak tebessüm etti. Asal, sonunda Hayy'ın ona zarar vermek istemediğini anlayıp sakinleşti.

Yıllar önce, tevil yani yorumlama ilmine olan tutkusu nedeniyle pek çok dili akıcı bir şekilde öğrenmişti. Hayy

bin Yakzan'a, bildiği bütün dillerde sorular sordu fakat sonuç alamadı. Hayy, duydukları karşısında hayretler içindeydi. Bu seslerin ne anlama geldiğini bilmiyordu ama iyi niyetli ve dostça olduğunu anlıyordu. İkisi de bu duruma şaşıp kaldı.

Asal'ın geldiği adadan getirdiği yiyecekten biraz kalmıştı. Hayy bin Yakzan'ın yemesi için yiyeceği ona uzattı. Daha önce böyle bir yiyecek görmeyen Hayy, bunun ne olduğunu anlayamadı. Asal, yiyecekten biraz yedi ve onun da yemesini işaret etti. Hayy bin Yakzan'ın aklına, kendi kendine belirlediği beslenme ilkeleri geldi. Ona ikram edilen bu yiyeceğin aslını faslını bilmiyordu: Nasıl bir yiyecekti? Yenilmesi caiz miydi? Teklifi reddetti. Ancak Asal o kadar ısrar etti ki Hayy bin Yakzan ısrarlarına dayanamadı ve onu gücendirmemek ve ürkütmemek için yiyecekten biraz yedi. Yediği şeyi lezzetli bulunca beslenme konusunda ahdini bozduğu için kendini kötü hissetti ve teklifi kabul ettiği için pişman oldu. O anda Asal'dan ayrılıp müşahede makamına dönmeyi arzuladı. Fakat kolayca gerçekleşecek bir şey değildi bu. Bunun üzerine bir süre duyular dünyasında Asal'la birlikte bir süre kalmaya karar verdi. Böylece onunla ilgili her şeyi öğrenecek, ona olan ilgisi kalmayacak ve nihayet kafasını meşgul edecek bir şey olmayacağı için rahatlıkla müşahede makamına dönebilecekti.

Öte yandan Hayy'ın konuşmayı bilmediğini fark eden Asal'ın, münzevi hâlini bozduğundan dolayı itikadının zedeleneceğine dair endişesi yok olmuştu. Hayy'a konuşmayı, ilmi ve dini öğretmeyi ve bununla Allah katında en büyük sevabı ve mükâfatı kazanmayı ümit etti. Önce konuşmayı öğretmekle başladı. Belli başlı nesnelere işaret ederek onların adlarını seslendirip tekrar etti. Sonra Hayy'ın da aynı nesneye işaret ederek tekrarlamasını sağladı. Bu şekilde kelime dağarcığını oluşturdu ve onunla adım adım ilerleyerek kısa sürede konuşmasını sağladı.

Asal, Hayy'a kim olduğu ve bu adaya nasıl geldiğiyle ilgili sorular sordu. Hayy bin Yakzan, ona kökeniyle ilgili hiçbir şey bilmediğini, kendisini büyüten antiloptan başka anne baba tanımadığını anlattı. Kendisiyle ilgili bildiği her şeyi, vuslat makamına erişene kadar nasıl bir bilgi ve kavrayış sürecinden geçtiğini anlattı. Karşılaştığı hakikatlerden, yücelik ve kudret sahibi Hakk'ın özünü bilen, duyular dünyasından soyutlanmış özlerden bahsetti. Yücelik ve kudret sahibi Hakk'ın özünü, güzel sıfatlarla tanımladı. Vuslat makamına erişenlerin hazzını, erişemeyenlerin azabını dili döndüğünce anlattı.

Bütün bunları dinleyen Asal, yücelik ve kudret sahibi Allah, onun melekleri, kitapları, resulleri, ahiret günü, cenneti ve ateşi hakkında kendi dininin şeriatında bahsedilen her şeyin, Hayy bin Yakzan'ın müşahede ettiklerinin birer temsili olduğundan emin oldu. Bunun üzerine kalbinin basireti açıldı ve zihni aydınlandı: Artık akıl ile nakil uzlaşıyor ve meseleleri yorumlama biçimleri birbirine yaklaşıyordu. İtikat meselelerinde yaşadığı bütün belirsizlikler, netlik kazanıyordu. Kapalı kalan bütün kapılar açılıyordu. Artık akıl sahiplerinden biri olmuştu. Bu nedenle Hayy bin Yakzan'a olan saygısı arttıkça arttı. Onun, endişe ve üzüntüye maruz kalmayan Allah dostlarından biri olduğuna inandı. Bu nedenle de ona hizmet etmeye, kendine örnek almaya ve daha önce öğrendiği dinî uygulamalarda herhangi bir aykırılık ortaya çıkması hâlinde onun kılavuzluğundan yararlanmaya karar verdi.

Asal da Hayy bin Yakzan'a kendisi hakkında her şeyi anlattı. Geldiği adadan, adadaki insanlardan, onlara bu din gelmeden önceki ve sonraki durumlarından bahsetti. Ona ilahi âlemin, cennet ve ateşin, diriliş ve kıyametin, haşir ve hesabın, mizan ve sıratın vasfı hakkında dinî gelenekte yer alan her şeyi anlattı. Hayy bin Yakzan, Asal'ın anlattıklarının müşahede makamında gördüklerinden farklı olmadığını fark etti ve bu vasıfları yapan birinin Allah'ın resulü olan sadık biri olması gerektiğini düşündü. Böylece peygamber sıfatıyla onu tasdik edip getirdiği öğretiyi benimsedi.

Hayy, ilahi öğretinin dinî vecibeler ve ibadet pratikleriyle ilgili neler içerdiğine dair Asal'a sorular sordu. Asal, ona namaz, zekât, oruç, hac gibi zahirî ibadetler hakkında bilgi verdi. Hayy bin Yakzan, sadık birinden dinlediğine inandığı bu bilgileri dikkatle dinleyerek bunları benimseyip hayata geçirdi. Fakat nasıl bir hikmet barındırdığını anlamadığı iki mesele kafasını meşgul etmeye devam ediyordu.

Birincisi, ilahi âleme ilişkin birçok açıklamalarında bu peygamberin neden doğrudan bahsetmek yerine temsile başvurduğu meselesiydi. Bundan dolayı insanlar ilahi âleme cismiyet atfedebilirler, Hakk'ın özünün münezzeh olduğu birçok şeye inanabilirlerdi. Ceza ve ödül konusunda da aynı hatalara düşebilirlerdi.

İkinci mesele ise neden dinî vecibeler ve ibadet pratiklerinin gereği üzerinde duruyordu da servet edinmeyi ve bolca yiyip içmeyi mübah kılıyordu? Böyle bir şey, insanların boş işlerle meşgul olmalarına ve Hak'tan yüz çevirmelerine yol açmayacak mıydı? Hayy bin Yakzan, hayatta kalacak kadarından fazlasını yememek gerektiğini düşünüyordu. Servetin ise onun için hiçbir anlamı yoktu. Şeriatın zekât ve ona dair mevzuat, alışveriş, faiz, had ve cezalar gibi düzenlemelerini garipsiyordu ve gereksiz buluyordu. Şöyle diyordu: "İnsanlar gerçekten anlasalar, bu batıl şeylerden tamamen yüz çevirirler ve yüzlerini Hakk'a dönerler. Böylece zekâtı talep edilecek mallar kalmaz, yapılmış hırsızlıktan dolayı kesilen eller ya da soygundan dolayı alınan canlar olmazdı."

Onu bu düşüncelere iten şey, insanların üstün bir fıtrata, derin zihinlere ve kararlı nefislere sahip olduklarına dair varsayımıydı. Oysa insanların aptallıkları ve yetersizlikleri, muhakeme eksiklikleri, zayıf karakterleri ve nasıl *"koyun sürüleri gibi doğru yoldan hiç haberdar olmadıkları"*[27] hakkında bir fikri yoktu.

Hayy, insanlara karşı derin bir şefkat duyarak onların kurtuluşuna vesile olmayı arzuladı. Onlara ulaşıp hakikati anlatmak istiyordu. Bu niyetini Asal'a açtı ve geldiği adaya nasıl gidebileceğini sordu. Asal, oradaki insanların nasıl zayıf karaktere sahip olduklarını ve Allah'ın iradesinden farkında olmadan nasıl da yüz çevirdiklerini anlattı. Buna rağmen Hayy, adaya gitme niyetinden vazgeçmedi. Asal da kurtuluşa yaklaşmış bir grup tanıdığının, Hayy vesilesiyle Allah tarafından hidayete erdirilmesini diledi ve onun bu fikrini destekledi. Gece gündüz sahilde beklerlerse denizi geçmeleri için Allah'ın onlara bir imkân sağlayabileceğini düşündüler. Gerçekten de bunu hayata geçirip onlara kılavuzluk etmesi için yüce Allah'a duayla yakardılar.

Yücelik ve kudret sahibi Allah'ın lütfuyla bir gemi denizde rotasını kaybetmiş, rüzgâr ve dalgalar da onu sahi-

---

27 Furkan Suresi, 44. (ç.n.)

vuruklenmişti. Karaya yaklaşınca geminin mürettebatı, sahilde bekleyen iki adamı gördüler. Yaklaşıp Asal'la konuştular. Asal kendilerini de gemiye alıp alamayacaklarını sordu. Bu teklifi kabul edip ikisini de gemiye aldılar. Çok geçmeden Allah yumuşak bir rüzgâr estirdi ve rüzgâr, gemiyi en kısa sürede gitmek istedikleri adaya taşıdı.

Adada inip şehre girdiler. Asal'ın adalı arkadaşları, etraflarını sardılar ve Hayy bin Yakzan'la tanışıp Asal'dan onun hikâyesini dinlediler. Arkadaşları Hayy'ın hikâyesini büyük bir heyecan ve hürmetle karşıladılar. Asal, Hayy'a kendilerini karşılamaya gelen bu insanların adanın anlayış ve kavrayış bakımından en keskin insanları olduğunu söyleyerek onları eğitemezse kimseyi eğitemeyeceğini söyledi. Şimdi adayı, topluma karışmayı savunup inzivayı yasaklayan, Asal'ın eski arkadaşı Salaman yönetiyordu.

Hayy bin Yakzan, kendilerini karşılayan bu adalılara hikmetin sırlarını açıklamaya başladı. Hayy, biraz zahirî anlamların dışına çıkıp onların anlayışlarına aykırı bir şeyler söyleyince adalılar rahatsız olmaya, söylediği şeylerden hoşlanmamaya ve içlerinde ona karşı öfke beslemeye başladılar. Fakat yabancıya karşı nezaketten ve dostları Asal'a olan hürmetlerinden yüzüne karşı hoşnutsuzluklarını açıkça dile getirmediler.

Hayy bin Yakzan, gece gündüz onların gönüllerini kazanmaya çalışarak kamuya açık ve özel yerlerde onlara hakikati anlattı. Fakat bu, onların sadece nefretlerini artırıyordu. Aslında hakikati arzulayan, iyiliksever insanlardı ama zayıf karakterlerinden dolayı Hayy'ın dile getirdiği hakikatleri kabul etmeye ve onları hayatlarına geçirmeye hazır değillerdi. Dahası onu, erbabından öğrenmeye de hiç

hiç niyetleri yoktu. İlgilerinin oldukça cılız olmasından dolayı Hayy bin Yakzan onları ıslah etmekten ümidini kesti. Toplumun farklı kesimlerini inceledi: "Her grup sahip olduklarıyla mutluydu."[28] Heva ve heveslerini tanrılaştırmışlardı. Şehvetlerine tapıyorlardı ve dünyanın enkazını toplamak için can atıyorlardı. "Gözlerinizi ihtiras bürüdü. Kabrin kapısını çalana dek."[29] Hiçbir öğüt fayda etmiyor ve hiçbir güzel söz ruhlarına tesir etmiyordu. Tartışma onları daha dik kafalı yapıyordu. Hikmetten hiç mi hiç nasip almamışlar, cehalet iliklerine işlemişti. Kalpleri, biriktirdikleriyle kapkara olmuştu.[30] "Allah, onların kalplerini ve kulaklarını mühürledi. Gözlerinin üzerinde de bir perde var. Dehşet verici bir azap, onları bekler."[31]

Hayy bin Yakzan, bu insanların azap çadırlarıyla kuşatıldığını ve mahrumiyet karanlığının üzerlerine çöktüğünü gördü. Birkaçı dışında herkes, dinin dünyevi yönüyle ilgileniyordu. "Onlar taahhütlerini kulak arkasına attılar ve küçük bir kazançla değiştirdiler."[32] İş ve ticaret onları Allah'ı anmaktan alıkoymuştu. Kalplerin ve gözlerin dehşetle açılacağı günden korkmuyorlardı.[33]

Bunları iyice fark edince, bu insanları aydınlatmanın mümkün olmadığını anladı. Belli ki yapabileceklerinden daha fazlası yükleniyordu kendilerine. Kitlelerin çoğu, maddi dünya için dinden faydalanıyorlardı. Böylelikle, sahip olduklarına kimsenin saldırmadığı, istikrarlı bir düzen kurma imkânına kavuşuyorlardı. İçlerinden uhrevi saadeti kazananların sayısı çok değildi. Ahiret hayatını

---

28 Mü'minûn Suresi, 53. (ç.n.)
29 Tekâsür Suresi, 1-2. (ç.n.)
30 Mutaffifîn Suresi, 14. (ç.n.)
31 Bakara Suresi, 7. (ç.n.)
32 Âl-i İmân Suresi, 187. (ç.n.)
33 Nur Suresi, 37. (ç.n.)

isteyen ve bu yolda gerekli çabayı gösterenler, gerçek müminler bunlardır ve çabaları Allah katında değerlidir.[34] "Kim ki taşkınlık yapıp dünya hayatını tercih ederse meskeni cehennem olur."[35]

Uykusundan uyandığı andan itibaren uykuya yeniden döndüğü ana kadar yaptıkları işler incelendiğinde, sefil güdüler peşinde koşmaktan başka bir şey yapmayan birinden daha yorgun ve mutsuz bir kimse olabilir mi? Bunlar mal-mülk biriktirmek, zevk ve şehvetlerini tatmin etmek, öfkelerini dışa vurmak, makam elde etmek, dindarlığını teşhir etmek ve boyunlarını korumaktan başka ne yapıyorlardı ki? Bu davranışların tümü "engin bir denizde... üst üste koyu karanlıklar gibidir."[36] "İçinizden kimse yoktur ki O'na erişmesin. Bu, Rabb'in katında yerine getirilmesi zorunlu bir hükümdür."[37]

Hayy bin Yakzan, insanların çoğunun hâllerini "konuşmayan hayvan" mertebesinde bulunca peygamberlerin tebliğ ettiği dinin öngördüğü bütün hikmet, hidayet ve ıslahın, bu toplulukta mevcut hâlinden daha fazla etki edemeyeceğini ve topluluğun mevcut kapasitesinin daha fazlasını kaldıramayacağını anladı. Zira her ağaçtan kaşık olmaz ve her şey dengi dengine işler. "Allah'ın öteden beri doğal tavrı hep böyledir. Ve siz Allah'ın tavrında hiçbir değişiklik bulamazsınız."[38]

Bunun üzerine Hayy bin Yakzan, Salaman ve arkadaşlarının yanına gitti. Ettiği sözlerden dolayı özür dileyerek

---

34 Şûrâ Suresi, 20. (ç.n.)
35 Nâzi'ât Suresi, 39. (ç.n.)
36 Nûr Suresi, 40. (ç.n.)
37 Meryem Suresi, 71. (ç.n.)
38 Fetih Suresi, 23. (ç.n.)

sözlerini geri aldığını söyledi. Mevcut durumda kendisinin de onlar gibi düşünüp yöntemlerini benimsediğini ifade etti. Mevcut sınırlarda dine ve zahirî ibadetlere olan bağlılıklarını sürdürmelerini, kendilerini ilgilendirmeyen meselelere fazla girmemelerini, yoruma açık müteşâbih meselelerin zahirî anlamlarına iman etmelerini, sonradan uydurulmuş bidat ve sapkın heveslerden kaçınmalarını, ilk mümin nesiller olan "salih selefler"in yolundan gitmelerini tavsiye etti. Kitlelerin yaptığı gibi, dinî pratikleri ihmal etmemelerini ve kendilerini tamamen dünyaya bırakmamalarını özellikle vurguladı.

Hayy bin Yakzan ve arkadaşı Asal, hevesli ama sınırlı kapasiteye sahip bu topluluğun ancak bu yolla kurtuluşa erebileceğini anladılar. Topluluğu mevcut mekânlarından içgörü vadilerine götürmek sadece düzenlerini bozar ve onları mutluluk derecesine taşımaz. Dahası durumları daha da kötüleşerek debelenip dururlar ve bir süre sonra da kötü sonla yüzleşirler. Fakat ölüm çatana kadar mevcut hâllerini devam ettirirlerse güven içinde yaşayabilirler ve Yüce Varlık'ın sağındaki dostlarından *[ashâbu'l-yemîn]*[39] olabilirler.

"Önde koşanlar, hep öndedir ve Allah'a en yakın olanlar da onlardır."[40] Hayy bin Yakzan ve Asal, kendi adalarına dönmek üzere topluluğa nazikçe veda edip ayrıldılar. Yücelik ve kudret sahibi Allah'ın kolaylaştırmasıyla adalarına geçtiler. Hayy bin Yakzan, daha önce yaptığı gibi müşahede makamını arzulayıp erişti. Asal da onun yolundan giderek bu makama oldukça yaklaştı. Her insanın başına gelen kesin kader onları yakalayana kadar adada Allah'a ibadet ettiler.

---

39 *Ashâbu'l-yemîn* ifadesi, İslami gelenekte amel defterleri sağ taraftan verilenler şeklinde de yorumlanır. (ç.n.)
40 Vâkıa Suresi, 10-11. (ç.n.)

10

KAPANIŞ

Bu risalede Hayy bin Yakzan, Asal ve Salaman'ın hikâyesini anlattım sana. Allah sana da bana da zatından taşan ruhuyla güç versin. Risalede, başka kitaplarda bulunmayan ya da alışıldık sohbetlerde rastlanmayan meselelere yer verildi. Yalnız marifet ehlinin kabul edeceği ve gaflet ehlinin görmezden geleceği gizli ilimlerden devşirilen meselelerdi bunlar. Böylece, bu gibi hassas meselelerde eli sıkı davranan salih seleflerin geleneksel çizgisinden ayrıldık.

Zamanımızın sözde felsefecilerince öne çıkarılan tahrip edici fikirler, bahsettiğimiz meseleler üzerindeki sır perdesini açmamıza neden oldu. Bu fikirler o kadar yayılıp zarar verdi ki, peygamberlerin yolundan sapıp sefihlerin ve aptalların peşine takılan zayıf karakterli pek çok insanın, bu fikirleri matah bir şey sanıp bunlara tutkuyla bağlanmalarından endişe ettik. Bu yüzden onlara sırların sırlarından bir parça gösterdik ki, sorgulama zeminine çekebilelim ve yanlışa sapmalarını önleyebilelim. Bununla birlikte, bu birkaç sayfada yer alan sırların üzerine, işin ehli olanların kolayca yırtabileceği, ehil olmayanların ise geçilemeyecek kadar kalın bulacağı ince bir örtü çektik.

Hikâyeyi anlatırken açıklamalarımda fazla cömert, yapıyı kurarken fazla hoşgörülü davranmışsam eğer, sözlerimi kavrayan kardeşlerimin beni mazur görmelerini dilerim. Çünkü gözün görebildiği mesafeden daha yüksek zirvelere tırmanmaya çalışıyordum ve yola girilmesini teşvik etmek kabilinden, en azından kelimelerle oraya yaklaşabileceğimi düşündüm ve ben de bunu yaptım.

Sevgili kardeşim, umarım bana yüklediğin yükümlülüğü yerine getirebilmişimdir. Dilerim ki Allah bizleri affına, mağfiretine ve katışıksız marifetine eriştirir. Nimetleri bahşeden, kerem sahibi odur. Veda ederken Allah'ın selamı, rahmeti ve bereketi üzerine olsun.

ÇEVİRMENİN KAYNAKÇASI

Ben-Zaken, Avner (2015). *Hay bin Yakzan'ı Okumak: Kültürlerarası Bir Otodidaktizm Tarihi* (Çev. Yavuz Alogan), İstanbul: İthaki Yayınları.

İbn Sina / İbn Tufeyl (2017). *Hay bin Yakzân* (Çev. M. Şerafettin Yaltkaya / Babanzâde Reşid, Yay. Haz. ve Sadeleştiren: N. Ahmet Özalp), 19. baskı, İstanbul: Yapı Kredi Yayınları.

Ibn Thofaïl (1936). *Hayy ben Yaqdhân; roman philosophique d'ibn Thofaïl* (Yay. Haz. Ve Fransızcaya Çev. Léon Gauthier), Beyrut: Imprimerie Catholique.

İbn Tufeyl, Ebu Bekr (1986). *Hayy bin Yakzân* (Yay. Haz. Albîr Nasrî Nâdir), 3. baskı, Beyrut: Dâru'l-Maşrik.

İbn Tufeyl (2016). *Hayy bin Yakzân - Hakikatin Peşinde* (Osmanlı Türkçesine Çev. Babanzâde Reşid, Yay. Haz. Hacer Sevim), 2. baskı, İstanbul: Büyüyenay Yayınları.

Kukkonen, Taneli (2014). *Ibn Tufayl - Living the Life of Reason*, London: Oneworld Publication.

Kukkonen, Taneli (2020). *İbn Tufeyl: Aklın Yaşamı* (Çev. Zeliha Yılmazer), İstanbul: Vakıfbank Kültür Yayınları.

Sarton, George (1931). *Introduction to the History of Science*, Vol. II-1, p. 354. Washington: Carnegie Institution of Washington.